W0194567

Die 100 besten Rezepte aus aller Welt

Fisch und Meeresfrüchte

Ausgewählt von Christian Teubner

Die **100** besten Rezepte aus aller Welt

Fisch
und Meeresfrüchte

Ausgewählt von Christian Teubner

Weltbild

Inhalt

DIE REZEPTE SIND, WENN
NICHT ANDERS ANGEGEBEN,
FÜR 4 PORTIONEN BERECHNET.

Küchenpraxis

AUF DIE RICHTIGE GARMETHODE KOMMT ES AN, WILL MAN FISCHE UND MEERESFRÜCHTE FACHGERECHT ZUBEREITEN.

Frische und beste Qualität sind für die gute Fisch- und Meeresfrücheküche ebenso Voraussetzung wie das Wissen um die richtigen Handgriffe bei der Zubereitung der empfindlichen Produkte. Das fängt beim Einkauf an und hört bei den Garmethoden auf. Es gilt, Haut, Augen, Flossen und Geruch beim Kauf und vor der Verarbeitung kritisch zu prüfen. Das fachgerechte Ausnehmen sowie das Zerlegen, Schuppen und Filetieren frischer Fische ist für die Zubereitung von großer Bedeutung, müssen doch die unterschiedlichen Arten wie Aal, Rundfisch oder Plattfisch je nach ihren speziellen Anforderungen unterschiedlich behandelt werden. Auch Hummer, Languste, Krebse, Garnelen, Austern, Muscheln und Schnecken verlangen nach der für sie optimalen Garmethode.

Pochieren

Die beste Garmethode für ganze Fische mit Haut. Langsames Garziehen in viel Flüssigkeit – Fischfond, Courtbouillon oder Salzwasser – bei Temperaturen unterhalb des Siedepunktes. Das Salz ist wichtig, damit Fische und Meeresfrüchte nicht auslaugen. Um den Garpunkt genau abzupassen, gilt die Faustregel: kleine Fische in heiße, große in kalte Flüssigkeit setzen und nur langsam bei geringer Hitze erwärmen, niemals kochen. Die Haut schützt vorm Auslaugen, deshalb werden Filets nie pochiert.

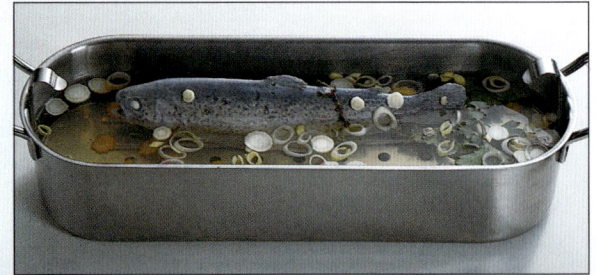

Kochen

Die Garmethode, die am häufigsten bei Meeresfrüchten angewendet wird, weil Fisch so gut wie nie richtig kochen darf, sondern nur garziehen. Ob im Salzwasser oder in einer Court-bouillon (gewürzter Sud), darin werden alle Krustentiere, vom Hummer bis zu den Garnelen, und alle Schaltiere (Muscheln und Schnecken) gegart.

Dünsten

Das Garen im eigenen Saft, meist unter Zugabe von wenig Fett und Flüssigkeit, bei mäßiger Temperatur ist eine der schonendsten Methoden der Fischzubereitung. Hier wirkt die Hitze gleich von zwei Seiten: Von unten gart der Fisch in dem sich bildenden Fond, und von oben kommt der Dampf, der sich in dem geschlossenen Topf bildet. Das Ergebnis ist zarter, aromatischer Fisch.

Dämpfen

Eine Garmethode für ganze Fische, die weniger als 1 kg wiegen. Ideal für Fischfilets, wenn ihr purer Geschmack erhalten bleiben soll. Die Chinesen haben diese Methode perfektioniert: Ihr einfacher, aber genialer Dämpftopf besteht aus einzelnen Bambuskörben, in denen, in mehreren Etagen übereinander gestapelt, mehrere Fische gleichzeitig garen. Bei uns kann ein Siebeinsatz, der in einen Topf mit siedendem Wasser eingehängt wird, als Dämpftopf dienen.

Schmoren

Das ist eine Kombination aus Braten und Dünsten. Die Fischstücke (bei Meeresfrüchten wird diese Garmethode selten angewendet) werden zuerst rundum angebraten. Dann erst wird die Flüssigkeit zugegossen und bei geschlossenem oder offenem Topf geschmort. Der Schmorfond ist immer die Basis für die folgende Sauce. Dafür eignen sich Fische mit festem Fleisch oder solche mit hohem Fettgehalt.

Braten in der Pfanne

Zum Braten eignen sich Fische, die nicht mehr als 400 g auf die Waage bringen. Beim Braten treffen zwei krasse Gegensätze aufeinander: das empfindliche Produkt Fisch einerseits und die starke, aggressive Hitze in der Pfanne andererseits. Doch diese Garmethode bekommt dem Fisch sehr gut – vorausgesetzt, man versteht es, den Fisch genau auf den Punkt zu garen. Durch die starke Hitze schließen sich die Poren des Fisches, und unter der schützenden Kruste bleibt das Fleisch schön saftig.

Aus dem Ofen

Eine Garmethode, die für ganze Fische, Filets und Scheiben geeignet ist. Sie müssen aber durch Abdecken oder Beschöpfen mit Flüssigkeit vor der direkten Strahlungshitze geschützt werden. Das Einhüllen in Papier oder, noch besser, in Folie schafft ideale Bedingungen, damit der Fisch im eigenen Saft garen kann. Das Aroma bleibt dabei voll erhalten. Ebenso verhält es sich beim Garen unter einer Salzkruste. Und wenn der Fisch in Teig gewickelt wird, dann ist auch noch die Hülle eßbar.

Grillen

Die älteste Garmethode ist auch für Fische eine gute Möglichkeit, diese, kräftig gewürzt und mit einer Kruste versehen, auf den Tisch zu bringen. Ob über Holzkohle oder unter dem Elektrogrill zubereitet, durch die starke Strahlungshitze gerinnt das Eiweiß in den äußeren Schichten und bildet einen Schutz, unter dem Saft, Aroma und Nährstoffe eingeschlossen bleiben. Voraussetzung ist allerdings, daß der Grill voll erhitzt ist, bevor der Fisch darauf plaziert wird.

Fritieren

Nur mit einer schützenden Hülle sollten Fisch und Meeresfrüchte fritiert werden, denn sie sorgt dafür, daß sich schnell eine Kruste bildet, die das zarte Fleisch saftig hält. Das kann eine dünne Mehlschicht sein, eine Panade aus Ei und Semmelbröseln oder ein richtiger Teigmantel. Die Backtemperatur liegt zwischen 160 und 180 °C. Zu beachten ist dabei, daß große Fischstücke bei der niedrigeren Temperatur gegart werden sollen und kleine Fische (zum Beispiel Ährenfische oder Sardellen) bei der hohen.

Fischfond oder solchen von Krustentieren sollte man (zum Beispiel tiefgefroren) ständig als Vorrat haben, weil er für den Wohlgeschmack eines Gerichtes mitentscheidend ist. Nicht immer bleibt genügend Zeit, um für ein einzelnes Fischgericht extra aus den Karkassen einen Fond zu kochen. Heute gibt es konservierten Fischfond in guter Qualität im Handel. Aber mit dem »selbstgekochten« ist er eben doch nicht vergleichbar.

FISCHFOND

Die Basis für eine gute Fischküche ist ohne Zweifel eine feine Brühe (Fond) aus den Fisch- oder Krustentierenkarkassen (Abfällen). Seine Zubereitung ist zwar aufwendig, doch eingefroren läßt er sich bis zu 3 Monate hervorragend auf Vorrat halten. Zubereitet wird er aus weißfleischigen Fischen, die viel Eiweiß, aber wenig Fett enthalten, wie etwa Steinbutt, Scholle, Glattbutt, Seezunge, Zander oder Petersfisch. Verzichtet man auf das Anbraten der Karkassen, wird er etwas zarter im Geschmack. Soll er besonders kräftig werden, kann man ihn mit einem Fond aus Krustentieren wie Krebsen, Hummer oder Garnelen mischen.

1 kg Fischkarkassen (vom Fischhändler)
80 g Schalotten, 200 g Lauch (nur das Weiße)
100 g Petersilienwurzel, 80 g Stangensellerie
3 EL Öl, 1/2 l trockener, spritziger Weißwein
2 l kaltes Wasser, 1 Lorbeerblatt
2 bis 3 Zweige Thymian, 1/2 TL weiße Pfefferkörner

Die Fischkarkassen – Gräten und Köpfe, Schwänze und Fleischabgänge – vorbereiten: Die Kiemen aus den Köpfen entfernen, sie würden den Fond bitter machen, und die Flossen oder Flossensäume (von Plattfischen) entfernen und verwerfen, ihr hoher Fettanteil kann einen tranigen Ge-

schmack des Fonds verursachen. Alle Karkassen grob zerkleinern und in eine Schüssel legen. Die Schalotten fein würfeln. Das Gemüse putzen, den Lauch in Ringe schneiden, das restliche Gemüse grob würfeln. Den Fond, wie beschrieben, zubereiten. Nach dem Erkalten die Fettschicht von der Oberfläche sorgfältig abheben und wegwerfen.

Das vorbereitete Gemüse zugeben und unter häufigem Wenden leicht angehen lassen. Es wird bewußt auf Möhren verzichtet, um den Fond hell zu halten.

Sobald die Fisch-Gemüse-Mischung zu köcheln beginnt, den Wein angießen und langsam erhitzen, anschließend leicht eindampfen lassen.

Das Wasser aufgießen. Wichtig ist, daß Wein und Wasser kalt sind, da beim langsamen Erwärmen die Geschmacksstoffe aufgeschlossen werden.

Lorbeerblatt, Thymian und Pfefferkörner zugeben. Die Gewürze sind sparsam dosiert, da sie den Eigengeschmack des Fonds nicht überdecken sollen.

Die Karkassen unter fließendem Wasser 20 Minuten wässern, bis das Wasser klar und frei von Trübstoffen ist. Abtropfen lassen.

Das Öl in einem entsprechend großen Topf erhitzen und die Karkassen darin unter ständigem Wenden 3 bis 4 Minuten hell angehen lassen.

Den Fond aufkochen lassen. Dabei bindet geronnenes Eiweiß Trüb- und Schwebstoffe und steigt als Schaum an die Oberfläche. Mehrmals abschöpfen.

Nach 20 bis 30 Minuten leisen Köchelns ein Spitzsieb mit einem Passiertuch auslegen und den Fond durchlaufen lassen, ohne mit der Kelle nachzuhelfen.

HUMMERFOND

Das spezielle Aroma dieses Fonds macht ihn so besonders. Nach diesem Rezept kann auch ein Krebsfond zubereitet werden.

1 frisch gekochter Hummer (800 g bis 1 kg)
250 g Möhren, 50 g Stangensellerie, 50 g Lauch
50 g Schalotten, 2 Knoblauchzehen
2 Tomaten
2 EL Öl, 2 cl Cognac
20 g Butter, 1 Lorbeerblatt
1 Nelke, 3 zerdrückte Wacholderbeeren
je 1 Zweig Estragon und Thymian
50 g Tomatenmark

Die Karkassen (siehe Bildfolge links) unter fließendem Wasser waschen. Das Gemüse waschen, putzen, klein schneiden. Die Schalotten und den Knoblauch schälen und fein hacken. Die Tomaten achteln. Den Fond nicht salzen, um ihn beliebig reduzieren und universell verwenden zu können.

Die Füße an beiden Hälften des Kopfteils mit einem scharfen Schlagmesser abtrennen. Die Karkassen sorgfältig waschen, trocknen und zerkleinern.

Das Öl in einer Pfanne erhitzen und die Karkassenteile portionsweise mit leichter Farbe angehen lassen. Mit dem Cognac ablöschen.

Die Butter in einem Topf erhitzen, das Gemüse darin anschwitzen. Gewürze und Kräuter mitschwitzen. Das Tomatenmark unterrühren, 2 Minuten ziehen lassen.

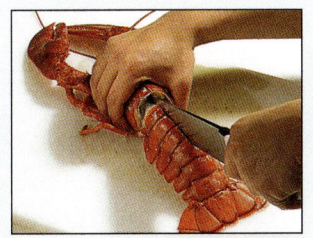

Den Hummer fest auf die Unterlage drücken. Mit einem scharfen Messer, am Kopf beginnend, entlang der Mittelnaht teilen.

Die Karkassen zugeben. Mit kaltem Wasser bedecken. Aufkochen, dabei öfters umrühren. 45 Minuten köcheln lassen, den Schaum gut abschöpfen.

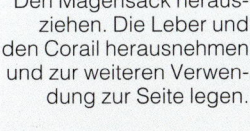

Den Magensack herausziehen. Die Leber und den Corail herausnehmen und zur weiteren Verwendung zur Seite legen.

Ein Spitzsieb mit einem Passiertuch auslegen und den Fond nach und nach durchlaufen lassen. Durch Zusammendrehen des Tuchs leicht nachhelfen.

Den Darm entfernen. Am Kopfende beginnen und zum Schwanzende hin, wo er festgewachsen ist, abziehen. Abschneiden.

Die beiden Schwanzhälften jeweils vom Kopfteil abdrehen und das Fleisch herausheben. Es kann beliebig verwendet werden.

Fond aus Krustentieren macht nicht mehr Mühe als ein Fischfond, bringt aber einen völlig anderen, typischen Geschmack mit und ist eine hervorragende Basis für feine Saucen oder um darin Fische oder Krustentiere zu pochieren, zu dünsten oder zu kochen. Nach derselben Methode wie beim Hummerfond kann man den Fond auch aus Langusten, Krebsen, Krabben oder Garnelen zubereiten.

RUNDFISCH VORBEREITEN

Ein Zander dient hier als Beispiel, wie ein frischer Rundfisch küchenfertig vorbereitet wird. Das Ergebnis: zwei sauber ausgelöste Filets, die Karkassen (Kopf, Skelett, Flossen und Haut) und Parüren (Fleischabgänge).

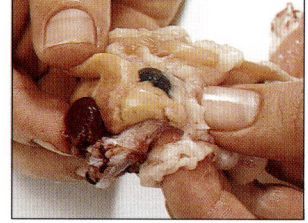

Die an der Leber hängende schwarzgrüne Galle muß unverletzt herausgelöst werden, denn ihre Flüssigkeit macht den Fisch ungenießbar.

Um den Fisch auszunehmen, diesen mit einem Tuch am Schwanzende festhalten und die Flossen in Richtung Kopf abschneiden.

Den Kopf entfernen. Dafür den Fisch auf beiden Seiten direkt hinter der Kiemenöffnung schräg zum Kopf hin bis auf die Mittelgräte einschneiden.

Den Fisch schuppen. Dafür mit einem speziellen Fischschupper oder einem großen Messer die Schuppen in Richtung Kopf abschaben.

Den Rücken neben der Rückenflosse der Länge nach bis auf die Mittelgräte einschneiden, das Messer quer unter das obere Filet schieben und in Richtung Schwanz abschneiden.

Die Bauchhöhle von der Afteröffnung zum Kopf hin mit einem Messer, das letzte Stück mit einer Schere aufschneiden. Die Eingeweide nicht verletzen.

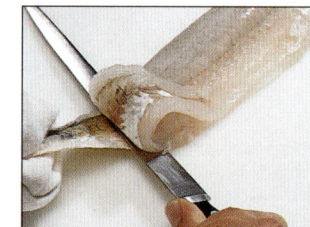

Die Mittelgräte entfernen. Dafür auf der anderen Seite des Flossenansatzes den Rücken einschneiden, die Mittelgräte freilegen und abheben.

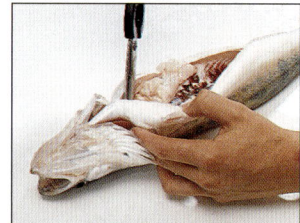

Die Eingeweide erst am After, dann am Schlund abschneiden und herausnehmen. Die Kiemen herauslösen und die Bauchhöhle auswaschen.

Die Bauchhöhlengräten entfernen und die Haut ablösen. Dafür am Ende des Filets ein Stück abschneiden und das Messer direkt auf der Haut in Richtung Kopfende führen.

Klare Augen gehören zu den untrüglichsten Kennzeichen eines frischen Fisches. Die Augen müssen prall und glasklar sein. Sie dürfen nicht eingesunken sein oder trüb aussehen.

Leuchtend rote Kiemen: eindeutiges Frische-Kriterium. Die Kiemenblättchen müssen deutlich zu erkennen sein.

Zurück bleiben die beiden sauber ausgelösten und entgräteten Filets. Sie können beliebig zubereitet werden.

Die Fischkarkassen – das sind die Gräten, der Kopf und der Schwanz sowie die Parüren (Fleischabgänge) – bilden die Basis für einen Fischfond.

Der Fachmann zeigt, wie ein Plattfisch filetiert wird: Ein spitzes Messer über den Augen am Flossensaum ansetzen.

Das Messer entlang von Kopf und »Seitenlinie« (Mittelgräte) bis zum Schwanz führen.

Die Haut und das Fleisch entlang dem Flossensaum einschneiden, damit das Filet später mit der Haut problemlos abgehoben werden kann.

Das obere (Rücken-) Filet etwas anheben und das Messer unter dem Fleisch ganz flach direkt auf den Gräten zum Rand führen. Das Filet abheben.

Bei dem unteren Filet verfährt man ebenso. Das ausgelöste Filet wird dabei von der linken Hand leicht weggezogen und gehalten.

Beim Lösen des unteren Filets, das über der Bauchhöhle liegt, kann, je nach Fangzeit, ein Rogensack zum Vorschein kommen. Vorsicht, nicht verletzen.

Den Fisch umdrehen und auf der Blindseite (so heißt die weiße Seite) die Filets genauso wie auf der dunklen Seite vorsichtig ablösen.

PLATTFISCH FILETIEREN

Große Plattfische wie der hier gezeigte Steinbutt oder auch Heilbutt und Glattbutt werden selten im ganzen zubereitet. Meist ist es unerläßlich, sie zu filetieren. Im Gegensatz zu kleinen Plattfischen, wie Seezunge, Rotzunge, Flunder und Scholle, die erst gehäutet und dann filetiert werden, ist es bei großen Plattfischen üblich, die ausgelösten Filets zu häuten. In der gehobenen Gastronomie spielen vor allem Steinbutt und Seezunge eine wichtige Rolle. Mit ihrem edlen, würzigen Fleisch haben sie nicht nur einen guten »Biß«, sie sind gleichzeitig zart und saftig.

Jetzt läßt sich auch der Rogensack ganz leicht herausziehen. Nicht wegwerfen, er kann zu leckeren Appetithappen zubereitet werden.

Das Filet mit der Haut nach unten auf die Arbeitsfläche legen. Am hinteren Ende zwischen Haut und Fleisch einschneiden und das Messer ganz flach führen.

Nachdem das Filet vorsichtig von der Haut getrennt wurde, mit einem kleinen, scharfen Messer den fransigen Flossenrand abschneiden.

Eventuell vorhandenes braunes Gewebe wegschneiden; es enthält viel Fett und ist etwas streng im Geschmack.

Tamboril com mexilhões

SEETEUFEL MIT MIESMUSCHELN UND GEMÜSE,
NACH PORTUGIESISCHER ART ZUBEREITET.

Tamboril – der Seeteufel – wird von den Fischern auch der »Hummer des armen Mannes« genannt, denn sein festes Fleisch hat sowohl wegen seiner strahlend weißen Farbe als auch wegen seiner Struktur mit dem teuren Krustentier große Ähnlichkeit. Inzwischen haben ihn die Gourmets weltweit zu schätzen gelernt, und folglich wird er auch preislich dem Hummer immer ähnlicher. Da er für dieses Gericht ohnehin in Stücke geschnitten wird, muß es nicht das schöne Mittelstück sein. Es taugen auch das Schwanzende oder die Bauchlappen dafür.

Erst durch den Vinho verde
schmecken Fisch und Muscheln so richtig portugiesisch, denn der »grüne Wein« aus dem Minho, dem grünen Norden Portugals, hat einen ganz unverwechselbaren Geschmack und sollte natürlich auch dazu getrunken werden. Diesen grün geernteten Wein gibt es übrigens auch »in Rot«, aber zum Fisch ist der weiße »vinho verde« nicht nur seiner Farbe wegen empfehlenswerter.

Frische Mies-muscheln gibt es die ganze Küste entlang in Hülle und Fülle. Gezüchtet werden sie vor allem in geschützten Buchten. Auf verankerten Holzinseln werden sie an Tauen mit dünnen Netzbinden festgewickelt. Der ständige Wasseraustausch von Ebbe und Flut begünstigt die Bildung von Plankton, der Hauptnahrung von Muscheln, die in diesen Buchten besonders schnell zu bester Qualität heranwachsen.

600 g Seeteufel, ohne Haut
Salz, frisch gemahlener Pfeffer
1 kg Miesmuscheln
100 g Zwiebeln, 1 Knoblauchzehe
80 g Stangensellerie, 100 g grüne Paprikaschote
350 g Mangold, 400 g Tomaten
3 EL Olivenöl
200 ml Vinho verde (Weißwein)
300 ml Fischfond (siehe Seite 8)
2 EL Zitronensaft
1 EL gehackte glatte Petersilie
1 EL gehackte Stangensellerieblättchen
1 TL Salz, frisch gemahlener Pfeffer

1. Den Seeteufel in Stücke schneiden, salzen und pfeffern. Die Miesmuscheln unter fließendem kalten Wasser gründlich abbürsten, um Sand- und

Kalkreste zu entfernen. Den Bart mit den Fingern abziehen. Bereits geöffnete Exemplare verwerfen, da sie verdorben sein können.

2. Die Zwiebeln und den Knoblauch schälen und fein würfeln. Den Stangensellerie putzen und in feine Scheibchen schneiden. Die Paprikaschote waschen, vierteln, Samen- und Scheidewände entfernen und das Fruchtfleisch in schmale Streifen schneiden. Den Mangold putzen, das Wurzelende abschneiden, die Blätter waschen und in etwa 2 cm breite Streifen schneiden. Die Tomaten blanchieren, häuten, Stielansatz und Samen entfernen und das Fruchtfleisch würfeln.

3. Das Öl in einem Topf erhitzen. Zwiebel- und Knoblauchwürfel darin hell anschwitzen. Den

Stangensellerie und die Paprikastreifen 5 Minuten mitdünsten. Den Mangold und die Tomaten zufügen und ebenfalls 5 Minuten mitdünsten. Den Weißwein und den Fischfond aufgießen, mit Zitronensaft abschmecken und zum Kochen bringen. Die Kräuter einstreuen. Salzen und pfeffern.

4. Die gut gesäuberten Muscheln und die Stücke vom Seeteufel zugeben, den Topf schließen und bei schwacher Hitze etwa 10 Minuten garen. Zwischendurch prüfen, wie weit Muscheln und Fisch gegart sind. Zur Sicherheit nicht geöffnete Muscheln verwerfen.

5. Zu diesem Fisch-Gemüsetopf können körnig gekochter Reis, Kartoffeln oder ganz einfach frisches Brot serviert werden.

»Caldeirada mista«
verlangt man auf dem Markt, wenn man in Portugal frischen Fisch für den Eintopf braucht. Er ist bereits in Stücke geteilt, und meist ist es eine Mischung preiswerter Fische. Muscheln und die teuren Krustentiere muß man schon extra aussuchen.

Caldeirada

DIE REGIONALEN FISCHEINTÖPFE HABEN ALLE EINS GEMEINSAM: EIN VERBINDLICHES REZEPT GIBT ES NICHT.

Genaue Rezepte kann es auch nicht geben, denn ein solches Gericht wird vom Tagesangebot des Fischmarktes bestimmt. Die Grundzubereitung ist vorgegeben, doch es werden vor allem preiswerte Fischsorten verwendet wie Seeaal, Seehecht, Knurrhahn, Meeräschen und Drachenkopf sowie Fischteile von Edelfischen, die beim Filetieren abfallen. Dazu kommen Muscheln und wertvollere Krustentiere. Eine Caldeirada mit Languste oder Hummer ist also ein echtes Sonntagsessen.

1,5 kg Fische (gemischt)
80 g Schalotten, 150 g Lauch, 200 g Stangensellerie
50 g Möhre, 1 Knoblauchzehe, 1/2 TL Pfefferkörner
1 TL Salz, 2 Lorbeerblätter, 1/4 l Vinho verde
250 g Herzmuscheln
1 Hummer oder Languste (600 bis 800 g)
6 EL Olivenöl
1 EL gehackte Petersilie (oder Koriandergrün)
Schale von 1 unbehandelten Zitrone
150 g Garnelenschwänze
8 Heuschreckenkrebse oder Kaisergranate (Scampi)

1. Die Fische unter fließendem kalten Wasser abspülen, Köpfe und Flossen abschneiden und beiseite legen. Das Fleisch der Fische in Stücke schneiden, zugedeckt in den Kühlschrank stellen.

2. Die Schalotten schälen und in dünne Scheiben schneiden. Lauch und Stangensellerie ebenfalls in dünne Scheiben schneiden. Die Möhre ganz fein würfeln. Die Knoblauchzehe nicht schälen, nur mit einem Messer andrücken.

3. Die Hälfte des Gemüses und die Knoblauchzehe in einen großen Topf geben. Darauf die Fischkarkassen (Köpfe, Flossen usw.) setzen und so viel Wasser angießen, daß diese gerade bedeckt sind. Bei offenem Topf etwa 15 Minuten leicht kochen lassen. Die Gewürze zugeben, den Wein zugießen und weitere 20 bis 25 Minuten leise köcheln lassen. Die Brühe durch ein feines Spitzsieb abgießen, 3/4 l sollte übrigbleiben.

4. Die Muscheln unter fließendem Wasser abbürsten, Sand- und Kalkreste entfernen, geöffnete Exemplare wegwerfen. Den Hummer kopfüber in einen großen Topf mit sprudelnd kochendem Salzwasser geben, sofort den Deckel auflegen und etwa 4 Minuten kochen, herausnehmen und kalt abschrecken. Den Schwanz abdrehen und mit der Schale in 2 cm breite Scheiben schneiden. Die Scheren abdrehen und anknacken.

5. Das Öl erhitzen und das restliche Gemüse darin langsam hell anlaufen lassen. Den Topf vom Herd nehmen, die Fischstücke einlegen und die Brühe aufgießen. Erhitzen, bis die Fischstücke weiß werden. Die Petersilie darüberstreuen, die Zitronenschale sowie die Muscheln, die Garnelen, die Hummerteile und die Heuschreckenkrebse oder Scampi zugeben. Den Topf schließen und weitere 10 Minuten leicht köcheln lassen, bis sowohl das Fischfleisch als auch die Krustentiere gar sind. Erneut abschmecken. Den Fischeintopf mit geröstetem Knoblauchbrot und natürlich dem dazugehörigen Vinho verde servieren.

Seehecht mit Kräutern und Muscheln

SO ÄHNLICH WIRD DER SEEHECHT AUF DER INSEL MADEIRA ZUBEREITET.

Nach diesem Rezept wird der einfache Seehecht zur Delikatesse, deren aromatisches Geheimnis in der Kombination von Schalotten, Kräutern und dem süßen Madeirawein liegt. Aber nur vom Besten sollte man nehmen, denn auch wenn der Seehecht preiswert ist, ist sein zartes Fleisch höchst empfindlich gegen unpassende Gewürze. Die Kräutermischung für den Seehecht wird in Portugal überwiegend mit Koriandergrün zubereitet, ein Kräutlein, das bei uns Mitteleuropäern nicht unbedingt ankommt. Im folgenden Rezept wird es deshalb durch Petersilie ersetzt. Es lohnt sich aber, das Original zu probieren.

Muscheln in großer Auswahl gehören in Portugal zum täglichen Angebot, und sie werden auch entsprechend viel verwendet, vor allem in Kombination mit Fischgerichten.

Pescada, der Seehecht, ist in Portugals Küche der populärste Fisch und als Merluza ebenso in Spanien bekannt. Bei uns wird er selten angeboten, aber Kabeljau oder Goldbarsch sind ein etwa gleichwertiger Ersatz.

4 Seehechtfilets (je 200 g)
60 g Zwiebel, 1 Knoblauchzehe
30 g Möhre, 80 g Stangensellerie
2 kleine rote Peperoni
300 g Venusmuscheln, 4 EL feines Pflanzenöl
2 EL gehackte Petersilie, 1 EL gehackte Minze
1/8 l süßer Madeirawein
Salz, frisch gemahlener Pfeffer
Für die Tomaten:
8 kleine Tomaten
1 EL feingehackte Zwiebel, 1 TL gehackte Petersilie
1/2 Knoblauchzehe, sehr fein zerdrückt
1 EL Semmelbrösel, 20 g Butter, in Flöckchen
Salz, frisch gemahlener Pfeffer

1. Die Zwiebel und die Knoblauchzehe schälen und in ganz feine Würfel schneiden. Die Möhre

und den Stangensellerie putzen und klein würfeln. Die Peperoni längs teilen und die Samen herausschaben. Die Venusmuscheln sorgfältig unter fließendem kalten Wasser abbürsten, Sand- und Kalkreste entfernen und geöffnete Exemplare sicherheitshalber wegwerfen, denn sie könnten verdorben sein.

2. In einer sehr großen Pfanne, in der später der Fisch und die Muscheln genügend Platz haben sollen, das Öl erhitzen. Darin die Zwiebel-, Knoblauch-, Möhren- und Stangenselleriewürfel hell anschwitzen. Die Petersilie, die Minze und die Peperonihälften untermischen. Den Madeirawein zugießen und um die Hälfte einkochen lassen. Die Seehechtfilets salzen und pfeffern, in die Pfanne legen, 2 bis 3 Minuten von einer Seite

garen und wenden. Die Venusmuscheln zugeben. Die Pfanne mit einem Deckel schließen und weitergaren, bis sich die Muscheln geöffnet haben (geschlossene Exemplare entfernen).

3. Von den Tomaten einen Deckel abschneiden. Die Zwiebelwürfel, die Petersilie, den Knoblauch und die Semmelbrösel miteinander vermischen und auf die Tomaten verteilen. Mit kleinen Butterflöckchen besetzen, mit Salz und Pfeffer würzen. Unter dem vorgeheizten Grill garen.

4. Die Seehechtfilets zusammen mit den Muscheln und der Sauce gleichmäßig auf 4 Teller verteilen und dazu die gratinierten Tomaten anrichten. Als Beilage passen frisches Weißbrot oder gekochte Kartoffeln gut.

Etwa die Hälfte der Salzmasse in der Größe des Fisches auf ein Backblech geben und glattstreichen. Den Fisch darauflegen. Die restliche Salzmasse darüber verteilen und gut verstreichen.

Salz aus dem Meer sollte man für den Fisch verwenden, wie es in den Salinen von der südlichen Sonne aus dem Meerwasser getrocknet wird.

Lubina a la sal

DER WOLFSBARSCH MIT SEINEM WERTVOLLEN FLEISCH IST FÜR DAS GAREN IN SALZKRUSTE DER IDEALE FISCH.

Natürlich lassen sich auch fast alle anderen Fische in der Salzkruste garen, aber diese schonende Methode bietet sich für Fische mit zartem Fleisch besonders an, weil die Hitze nur indirekt einwirken kann. Hinzu kommt, daß der Fisch während des Garvorgangs hermetisch abgeschlossen ist und so das Fleisch des Fisches sein volles Aroma behält. Er braucht deswegen auch nur ganz verhalten gewürzt zu werden, am besten mit frischen Kräutern. Rundfische wie der Wolfsbarsch eignen sich wegen der starken Filets besonders gut zum Garen in der Salzkruste. Plattfische wie Seezunge, Flunder, Scholle oder Steinbutt taugen dafür weniger, weil sie zu dünn sind und die Garzeit schwer berechenbar ist. Für Liebhaber des reinen und zarten Fischaromas sicher unverständlich, aber in Spanien serviert man zum Fisch gern eine Knoblauchsauce, und davon gibt es auf der iberischen Halbinsel eine ganze Reihe.

Viel Salz und trotzdem nicht versalzen. Kaum zu glauben, aber die Salzkruste gibt beim Backen im Ofen fast kein Salz an den Fisch ab, jedenfalls nicht mehr, als er ohnehin zur Würzung braucht. Nach dem Backen die steinharte Kruste aufschlagen, zuerst die Haut von der Oberseite entfernen und dann das Filet von den Gräten abheben.

1 Wolfsbarsch (etwa 1 kg)
1 ganz kleiner Zweig Rosmarin
1 Zweig Thymian, reichlich Petersilie
1 Knoblauchzehe, frisch gemahlener Pfeffer
Für die Salzkruste:
2 kg Meersalz, 1 Eiweiß, Wasser nach Bedarf
Für die Knoblauchsauce:
2 bis 3 Knoblauchzehen
1 Tomate, 30 g Pinienkerne
1 Scheibe Toastbrot, 1/8 l Olivenöl
1/2 TL Salz, 1 EL feiner Rotweinessig

1. Vom Wolfsbarsch die Flossen abschneiden, den Fisch schuppen, ausnehmen, unter fließendem kalten Wasser abspülen und die Bauchhöhle sorgfältig auswaschen. Mit Küchenpapier trockentupfen. Die Kräuter waschen und trockenschwen-

ken. Die Knoblauchzehe nicht schälen, sondern nur mit einem Messer andrücken. Beides in die Bauchhöhle füllen und pfeffern.

2. Für die Salzkruste das Salz mit dem Eiweiß mischen und das Wasser nach und nach untermischen. Die Salzmasse darf nicht zu fest sein, weil sie sonst nicht zusammenhält, aber auch nicht zu weich, sie würde sonst zuviel Salz an den Fisch abgeben. Die Masse etwas ruhen lassen. Den Fisch in der Salzmasse verpacken, wie links oben gezeigt. In den auf 200 °C vorgeheizten Ofen schieben und etwa 25 Minuten garen.

3. Für die Sauce den Knoblauch schälen und fein hacken. Die Tomate blanchieren, häuten, vierteln, Stielansatz und Samen entfernen und das Frucht-

fleisch hacken. Die Pinienkerne im Mörser reiben. Das Toastbrot entrinden und würfeln. Das Öl in einer Pfanne erhitzen und den Knoblauch darin anschwitzen. Die Tomatenwürfel, das Salz, den Essig und die Pinienkerne zugeben und kurz mitschwitzen. Die Brotwürfel unterrühren. Die Sauce mit einem Mixstab pürieren.

4. Den Fisch aus dem Ofen nehmen und die Salzkruste aufschlagen. Den Fisch häuten, die Filets von den Gräten heben. Mit der Sauce servieren.

Stockfisch mit Gemüse

KEIN ANDERES LAND HAT EINE GRÖSSERE AUSWAHL AN
GETROCKNETEM FISCH ZU BIETEN ALS SPANIEN.

Und nirgends kommt getrockneter Fisch auch
häufiger in die Küche als auf der iberischen Halbinsel. Spanien und Portugal sind am kreativsten
im Umgang mit einstmals billigem Stockfisch.
Inzwischen unterscheiden sich die guten Stücke
nicht mehr vom Frischfisch; und richtig zubereitet, kann er zur Delikatesse werden, vor allem,
wenn man einen guten Fischfond verwendet.

1,2 kg Stockfisch
Für das Gemüse:
100 g Zwiebeln
80 g Stangensellerie
200 g Möhren
500 g festkochende Kartoffeln
300 g Tomaten
300 g Lauch
2 Knoblauchzehen
3 EL Olivenöl, 1/8 l Weißwein

1 Lorbeerblatt, Salz
1/2 l Fischfond (siehe Seite 8) oder Wasser
5 frische grüne Pfefferkörner
1 EL edelsüßes Paprikapulver
Außerdem:
1 EL gehackte glatte Petersilie

1. Den Stockfisch 24 Stunden in kaltes Wasser
legen, damit er aufquellen kann, dabei das Wasser oft wechseln. Am nächsten Tag den Fisch herausnehmen, unter fließendem kalten Wasser
abspülen und mit einem Küchentuch abtrocknen.
Die Haut abziehen, die Gräten entfernen und den
Fisch in mundgerechte Stücke schneiden.

2. Die Zwiebeln schälen und fein würfeln. Den
Stangensellerie putzen und in Scheibchen schneiden. Die Möhren und Kartoffeln schälen und in
Scheiben schneiden. Die Tomaten blanchieren,
häuten, vierteln, Stielansatz und Samen entfernen
und die Viertel quer halbieren. Den Lauch putzen,
gründlich waschen und in 1/2 cm dicke Ringe
schneiden. Die Knoblauchzehen schälen.

3. Das Öl in einem Topf erhitzen, den Knoblauch
darin unter Rühren bei mittlerer Hitze goldbraun
braten, herausnehmen und beiseite legen. Die
Zwiebelwürfel in dem verbliebenen Bratfett kurz
anschwitzen, die Sellerie-, Möhren- und Kartoffel-
scheiben untermischen. Mit dem Wein ablöschen,
das Lorbeerblatt zugeben, wenig salzen und den
Fond aufgießen. Aufkochen und zudecken, bei
mittlerer Hitze etwa 20 Minuten köcheln. Die
Tomaten und den Lauch untermischen und weitere 10 Minuten köcheln lassen.

4. Den gebratenen Knoblauch mit den Pfefferkörnern im Mörser zerdrücken, mit dem Paprikapulver mischen und unter das Gemüse rühren.
Den Stockfisch in den Topf geben und in 5 Minuten garziehen lassen. Abschmecken, mit Petersilie
bestreuen und servieren.

Die Auswahl ist groß auf den spanischen Märkten. Da
gibt es getrockneten Fisch in allen Preislagen – von der
ganzen Fischseite mit Haut und Gräten bis zu sorgfältig
präparierten Filets. Hier wird dem Kunden einiges geboten,
um ein abwechslungsreiches Essen zuzubereiten.

Seehecht in grünem Sud

DAS ZARTE WEISSE FLEISCH DES »MERLUZA« HARMONIERT BESTENS MIT GEMÜSE.

Dieses Rezept ist ein sehr gutes Beispiel für die iberische Küche, die Fische gern im Gemüsesud dünstet und mit den verschiedensten Muscheln oder Krustentieren kombiniert.

1 Seehecht (etwa 1,5 kg)
300 g Venusmuscheln, 300 g Miesmuscheln
Salz, frisch gemahlener Pfeffer, Mehl zum Bestauben
4 EL Öl, 20 g Butter
Für die Fischbrühe:
2 Schalotten, 60 g Möhre, 50 g Petersilienwurzel
70 g Stangensellerie, 100 g Lauch, 80 g Fenchelknolle
2 EL Olivenöl, 1 Lorbeerblatt, 1 Zweig Petersilie
1 Zweig Thymian, 100 ml Weißwein
350 ml kaltes Wasser, 5 weiße Pfefferkörner
Für das Gemüse:
2 Knoblauchzehen, 80 g Zwiebeln
200 g grüne Paprikaschoten, ohne Samen
2 EL Olivenöl, 1/8 l Weißwein
1 Bund Petersilie, gehackt
Salz, frisch gemahlener Pfeffer

Frische Muscheln – frischer Fisch. Mit der Qualität der Produkte hat man in Spanien wenig Probleme. Bei uns muß man aber schon genau darauf achten, daß die Muscheln noch fest geschlossen sind und der Fisch klare Augen hat.

Der Merluza, wie der Seehecht in Spanien heißt, ist der wichtigste Fisch auf spanischen Märkten und hat dort etwa die gleiche Bedeutung wie bei uns der Kabeljau (Bacalao).

Das Öl erhitzen und die Fischkarkassen darin in 3 bis 4 Minuten unter Wenden ohne Farbe anziehen lassen. Das Gemüse und die Kräuter zugeben.

Sobald die Gemüsemischung etwas köchelt, den Wein angießen. Mit kaltem Wasser aufgießen und die Pfefferkörner zugeben. Aufkochen lassen.

Den Seehecht schuppen, filetieren und die Filets in den Kühlschrank legen. Den Fischkopf längs, die Gräten quer halbieren. In eine Schüssel geben und unter fließendem Wasser 15 bis 20 Minuten abspülen. Herausnehmen und abtropfen lassen. Die Muscheln unter fließendem kalten Wasser abbürsten, geöffnete Exemplare wegwerfen. Sand- und Kalkreste entfernen und die Bärte mit den Fingern abziehen. Für die Brühe Schalotten und Möhre schälen und würfeln. Petersilienwurzel, Sellerie, Lauch und Fenchel putzen, waschen und grob zerkleinern. Weiterverfahren, wie gezeigt. 20 bis 30 Minuten köcheln lassen, dabei den

Schaum öfters abschöpfen. Die Brühe abseihen. Für das Gemüse Knoblauch und Zwiebeln fein würfeln. Die Paprikaschoten in dünne Streifen schneiden. Das Öl erhitzen, Knoblauch und Zwiebeln darin hell anschwitzen und die Paprikastreifen kurz mitdünsten. Wein und Brühe aufgießen und 5 Minuten köcheln lassen. Die Petersilie zugeben, salzen und pfeffern. Die Muscheln zugeben und bei geschlossenem Topf garen, bis sie sich geöffnet haben, geschlossene Exemplare entfernen. Die Filets in 4 cm breite Stücke schneiden, salzen, pfeffern und mit Mehl bestauben. Öl und Butter erhitzen und die Stücke darin knusprig braten. Abschmecken und zu den Muscheln geben.

Die gewürzten Meerbarbenfilets zuerst auf der Hautseite knusprig braten (etwa 2 Minuten) und nach dem Wenden nur noch ganz kurz, etwa 1 Minute, in der Pfanne lassen.

Meerbarbe mit Oliven und Reis

DIE FISCHE AUS DER FAMILIE DER MEERBARBEN GEHÖREN ZUM FEINSTEN, WAS EUROPÄISCHE GEWÄSSER ZU BIETEN HABEN.

Nur in Butter gebraten, so schmecken die Filets besonders gut. Für dieses Rezept sollte man aber feinstes Olivenöl verwenden, denn erst dann harmonieren sie so richtig mit dem Rest.

2 Streifenbarben (je 450 g)
Salz, frisch gemahlener Pfeffer
1 EL Öl, 20 g Butter, Öl für die Form
Für den Gemüsereis:
25 g Butter, 30 g Zwiebel, feingehackt
50 g Möhre, feingehackt
200 g spanischer Rundkornreis
75 ml Weißwein, etwa 600 ml Gemüsefond
1/2 TL Salz, frisch gemahlener Pfeffer
50 g Zuckerschoten, 100 g gelbe Zucchini
120 g mild eingelegte grüne Oliven, entsteint
1 TL gehackte Kräuter (Thymian, wenig Rosmarin)

1. Die Butter in einem Topf zerlassen und die Zwiebel- und Möhrenwürfel darin hell anschwitzen. Den Reis zugeben und bei starker Hitze unter sofortigem Rühren andünsten. Den Wein zugießen und unter Rühren reduzieren. Den Gemüsefond unter gelegentlichem Rühren nach und nach zugießen. Mit Salz und Pfeffer würzen. 12 bis 15 Minuten kochen. Bei Bedarf weiteren Gemüsefond nachgießen.

2. Die Zuckerschoten putzen und in Rauten schneiden. Von den Zucchini Blüten und Stielansatz entfernen, zuerst der Länge nach in dünne Scheiben, dann quer in Stifte schneiden. Beides in den letzten 5 Minuten zum Reis geben. Die Oliven halbieren und zusammen mit den Kräutern unter den Reis mischen. Abschmecken.

3. Von den Fischen die wenigen großen Schuppen entfernen und die Flossen mit einer Schere in Richtung Kopf abschneiden. Die Fische ausnehmen, filetieren. Die kleinen Gräten mit der Pinzette herausziehen. Die Filets salzen und pfeffern. Das Öl mit der Butter erhitzen und die Filets darin braten, wie links oben gezeigt. Herausnehmen.

4. Eine feuerfeste Form ausfetten und den Gemüsereis einfüllen. Die Filets mit der Hautseite nach oben auflegen. Die Form 5 Minuten in den auf 200 °C vorgeheizten Ofen schieben.

Die grünen Oliven Andalusiens sind unübertrefflich in ihrem Aroma und passen bestens zu dem zarten Fisch. Aber nicht die mit Paprika gefüllten, sondern Oliven pur.

Auf den Märkten von Valencia gibt es »mariscos«, also Meeresfrüchte, in großer Auswahl. Da kann man sich jederzeit mit frischer Ware für die Paella eindecken.

Paella wie in Valencia

REIS MIT HUHN UND MEERESFRÜCHTEN – EINES DER LIEBLINGSGERICHTE DER SPANIER.

Um eine »echte Paella« zubereiten zu können, muß man nicht nur Spanier, sondern möglichst Valencianer sein, denn mit diesem Aushängeschild spanischer Kochkunst pflegen Spanier nicht zu spaßen. Dieses Rezept will sich auch nicht mit dem Original vergleichen, aber es schmeckt besonders delikat. Das Besondere daran ist sicherlich die Kombination von Geflügel mit Meeresfrüchten. Das Huhn ist der Ausgangspunkt für eine Paella mit Meeresfrüchten. Die Stücke müssen knusprig braun gebraten werden, bevor die übrigen Zutaten nacheinander dazukommen.

Spanien ist nicht nur ein großer Verbraucher, sondern auch ein großer Produzent von Safran, diesem stark färbenden Gewürz, das in einer Paella unverzichtbar ist.

1/2 Hähnchen (500 g)
400 g Venusmuscheln
400 g Herzmuscheln
12 Kaisergranate (Scampi)
200 g kleine Garnelen

Auf die Feuchtigkeit vom Reis kommt es an. Er soll gar, aber nicht zu weich sein, und die Flüssigkeit soll weitestgehend verdunstet sein, ohne daß der Reis trocken wird.

Für das Gemüse:
150 g rote Paprikaschoten, gehäutet, 200 g Zwiebeln
2 Knoblauchzehen
100 g Stangensellerie, 100 g grüne Bohnen
400 g Tomaten, 200 g Erbsen in der Schote

Für den Reis:
6 EL Olivenöl, 400 g spanischer Rundkornreis
Salz, frisch gemahlener Pfeffer
1 TL edelsüßes Paprikapulver, 1 l Geflügelfond
1 Döschen Safran, 1 EL gehackte Petersilie

1. Das Hähnchen in kleine Stücke teilen. Die Muscheln waschen, Sand- und Kalkreste entfernen, geöffnete Exemplare wegwerfen, sie könnten verdorben sein. Von 8 Scampi die Schwänze

abdrehen, die übrigen 4 zum Garnieren ganz belassen. Die Paprikaschoten vierteln, Samen und Scheidewände entfernen und das Fruchtfleisch in Streifen schneiden. Die Zwiebeln und den Knoblauch schälen und fein würfeln. Den Stangensellerie putzen und in Scheibchen schneiden. Die Bohnen in Stücke brechen. Die Tomaten blanchieren, häuten, vierteln, Stielansatz und Samen entfernen und das Fruchtfleisch in Würfel schneiden. Die Erbsen auspalen.

2. Das Öl in einer Paella-Pfanne oder einer anderen großen Pfanne erhitzen, Zwiebeln und Knoblauch darin hell anschwitzen. Die Hähnchenteile zufügen und rundum knusprig braun anbraten.

3. Das Gemüse, bis auf die Erbsen, 5 Minuten mitbraten. Den Reis unter Rühren glasig mitanschwitzen. Mit Salz, Pfeffer und Paprikapulver würzen. Inzwischen den Geflügelfond erhitzen und den Safran darin auflösen. Aufgießen und 15 Minuten kochen, dabei die Paella-Pfanne ein paarmal schwenken.

4. Die Erbsen, die Garnelen, die Scampischwänze, die ganzen Scampi und die geputzten Muscheln auf dem Reis verteilen. Die Pfanne bei 180 °C in den vorgeheizten Ofen schieben. In 15 bis 20 Minuten fertiggaren. Nach Bedarf noch etwas Fond angießen. Mit Petersilie bestreuen und servieren.

Die Tapas-Küche
braucht die frischen Zutaten vom Markt. Die Produkte der jeweiligen Region beeinflussen deshalb auch das Tapas-Angebot in den Bars und Restaurants. Ein Glas Jerez fino (trockener Sherry) rundet diese Vorspeisen geschmacklich bestens ab.

Muschel-Tapas
ZWEI BEISPIELE AUS DER GROSSEN AUSWAHL VON TAPAS-REZEPTEN MIT MEERESFRÜCHTEN.

Tapas sind kleine Delikatessen, die in Spanien vom frühen Vormittag bis in die späte Nacht genossen werden. In ihrer einfachsten Art können das ein Stück Brot, eine Scheibe Schinken, ein Stück Käse oder Oliven sein, die man zu einem Glas Sherry serviert. Im Laufe des Tages werden die Tapas-Auswahl größer und die einzelnen Gerichte raffinierter. Tapas werden aus Gemüse, Fleisch, Geflügel und natürlich auch aus Fisch und Meeresfrüchten zubereitet. So lassen sich Menüs zusammenstellen, die das ganze kulinarische Spektrum Spaniens umfassen.

Schwertmuscheln mit Tomaten
500 g Schwertmuscheln
20 g Schalotten, 200 g Tomaten
2 EL Olivenöl, 60 ml Weißwein
40 ml Fischfond (siehe Seite 8)
1 EL Sherryessig, Salz, frisch gemahlener Pfeffer
1 EL gehackte glatte Petersilie
1 TL Thymianblättchen

Die Muscheln unter fließendem kalten Wasser säubern und abtropfen lassen. Die Schalotten schälen und fein hacken. Die Tomaten blanchieren, häuten, Stielansatz und Samen entfernen und das Fruchtfleisch würfeln. Das Öl in einer Pfanne erhitzen und die Muscheln darin gut anziehen lassen. Schalotten und Tomaten anschwitzen. Mit dem Wein und dem Fond ablöschen und kurz aufkochen lassen. Mit Sherryessig, Salz und Pfeffer abschmecken. Die Petersilie und die Thymianblättchen einstreuen.

Miesmuscheln in Sherry
500 g Miesmuscheln
100 g weiße Zwiebeln
300 g Tomaten
2 bis 3 Safranfäden
2 Knoblauchzehen
1 EL Olivenöl
100 ml Sherry amontillado
Salz, frisch gemahlener weißer Pfeffer
1 EL gehackte glatte Petersilie

Die Miesmuscheln unter fließendem kalten Wasser gründlich waschen, den Bart mit den Fingern abziehen, geöffnete Exemplare wegwerfen. Die Zwiebeln schälen und fein hacken. Die Tomaten blanchieren, häuten, Stielansatz und Samen entfernen und das Fruchtfleisch in kleine Würfel schneiden. Die Samen und das flüssige Fruchtfleisch durch ein feines Sieb in eine Schüssel drücken. In dem aufgefangenen Tomatensaft die Safranfäden auflösen und beiseite stellen. Den Knoblauch schälen und in Scheibchen schneiden. Das Öl in einer Kasserolle erhitzen und die Knoblauchscheiben darin goldgelb braten. Zuerst die gehackten Zwiebeln und dann die Tomatenwürfel anschwitzen. Die Muscheln zugeben und unter ständigem Rühren 2 bis 3 Minuten garen. Den Tomatensaft mit den Safranfäden zufügen und 1 Minute anschwitzen. Den Sherry aufgießen und etwa 8 Minuten köcheln lassen. Geschlossene Muscheln wegwerfen, sie könnten verdorben sein. Salzen und pfeffern. Kurz vor dem Servieren die gehackte Petersilie unterrühren.

Gefüllter Tintenfisch

KALMARE GEHÖREN ZU DEN FEINSTEN TINTEN-FISCHEN UND LASSEN SICH GUT FÜLLEN.

Der Körper des Kalmars hat von Natur aus die Form eines Behältnisses und bietet sich zum Füllen geradezu an. Zusammen mit dem Gemüse wird er mit der feinen Füllung gegart. Damit nichts von der Füllung während des Bratens ausläuft, werden die Kalmare in ein Schweinenetz gewickelt. Es ist beim Fleischer jederzeit erhältlich und weitestgehend geschmacksneutral. Man kann die Öffnung aber auch mit einem Zahnstocher zustecken oder zunähen. Dann dürfen sie aber nicht bis oben hin gefüllt werden.

4 Kalmare (je 200 g)
Für die Füllung:
200 g Weißbrot ohne Rinde, 120 g Butter
200 g Zwiebeln, 4 Knoblauchzehen
200 g Lauch, 200 g Möhren

Die Arme und Flossen der Kalmare nochmals waschen, trockentupfen und mit einem scharfen Messer klein würfeln. 4 EL Olivenöl in einer entsprechend großen Pfanne erhitzen und die Kalmarwürfel darin sehr kurz, aber scharf anbraten. Sofort aus der Pfanne nehmen und zusammen mit den gerösteten Brotwürfeln gleichmäßig unter das Gemüse mischen.

Die Petersilie und die Eigelbe zur Gemüse-Kalmar-Mischung geben und alles gut verrühren. Salzen und pfeffern.

Die Kalmarbeutel in die Hand nehmen. Die Füllung hineingeben, aber nicht zu prall, da sie sich beim Garen noch ausdehnt.

In ein gewässertes, zugeschnittenes Stück Schweinenetz wickeln. Mit Holzspießchen zustecken oder mit Küchengarn zunähen.

Gefüllte Kalmare
gehören eigentlich zu den preiswerten Meeresfrüchtegerichten. Erst durch die einigermaßen komplizierte Zubereitung werden sie zur Delikatesse – aber die Mühe lohnt sich. Dazu noch ein Stück frisches, knuspriges Weißbrot, eine Schüssel Salat und ein Glas Landwein.

600 ml Fischfond (siehe Seite 8), 8 EL Olivenöl
4 EL gehackte Petersilie, 2 Eigelbe
Salz, frisch gemahlener weißer Pfeffer
Für das Gemüse:
100 g Fenchel, 100 g Zucchini
100 g grüne Paprikaschote
100 g Tomaten
Außerdem:
1 Schweinenetz, gewässert
1 EL gehackte Kräuter (Basilikum, Thymian, Petersilie)

Die Kalmare waschen, fest mit der Hand anfassen und mit der anderen die Haut abziehen. Die Arme (Tentakel) aus dem Körperbeutel ziehen und knapp über den Augen so vom Kopf trennen, daß sie durch einen schmalen Ring verbunden bleiben. Die Arme von unten greifen und mit dem Zeigefinger die Kauwerkzeuge herausdrücken und lösen. Das transparente Fischbein entfernen. Die Flossen vom Körper ziehen, dabei darauf achten, daß der beutelartige Körper zum Füllen ganz erhalten bleibt. Für die Füllung das Weißbrot fein würfeln. 80 g Butter zerlassen und die Brotwürfel langsam unter ständigem Wenden hellbraun rösten. Die Zwiebeln und die Knoblauchzehen schälen, den Lauch und die Möhren putzen, waschen und alles fein würfeln. Die restliche Butter in einer Kasserolle zerlassen und das gewürfel-

te Gemüse darin anziehen lassen, ohne daß es Farbe nimmt. Den Fischfond zugießen und so lange reduzieren, bis die Masse nur noch feucht ist. Weiterverfahren, wie in der Bildfolge gezeigt. Das restliche Öl in einer feuerfesten Form erhitzen und die gefüllten Kalmare darin anbraten. Den Fenchel und die Zucchini putzen. Die Paprikaschote halbieren und die Samen und Scheidewände entfernen. Die Tomaten vierteln und Stielansatz und Samen entfernen. Das gesamte Gemüse in etwa 1/2 cm große Würfel schneiden und zu den Kalmaren in die Form geben. Bei 200 °C im vorgeheizten Ofen 20 Minuten garen. Mit den gehackten Kräutern bestreuen.

An der französichen Atlantikküste werden alle gängigen Krustentiere in bester Qualität angelandet. Da ist frische Ware beim Einkauf selbstverständlich.

Quiche mit Garnelen

DIE TÖRTCHEN SIND EINE IDEALE WARME VORSPEISE, SIE KÖNNEN ABER AUCH EINFACH ZU EINEM GUTEN GLAS WEIN SERVIERT WERDEN.

Für die Füllung kann man aber statt Garnelen auch die wertvolleren »langoustines« (Kaisergranate oder Scampi) verwenden oder in Scheiben geschnittenen Hummer- oder Langustenschwanz.

Für 6 Förmchen mit je 12 cm Durchmesser
Für den gesalzenen Mürbteig:
250 g Mehl, 125 g gewürfelte Butter
1 Eigelb, 1/2 TL Salz, 1 bis 2 EL Wasser
getrocknete Erbsen zum Blindbacken
Für die Füllung:
80 g Zwiebeln und 1 Knoblauchzehe, geschält
je 75 g rote und gelbe Paprikaschote, ohne Samen
150 g Lauch, 40 g Zucchini, 3 EL Öl
18 geschälte Garnelen ohne Darm
Für den Sahne-Eierguß (Royale):
1/8 l Sahne, 1 EL frisch gehackte Kräuter
2 Eier, Salz, frisch gemahlener weißer Pfeffer
75 g geriebener Käse (Gruyère)

Für den Teig das Mehl auf eine Arbeitsfläche häufen und eine Mulde hineindrücken; Butter, Eigelb und Salz zugeben. Hacken.

Das Wasser zugeben und schnell verkneten. Eine Kugel aus dem Teig formen und in Folie wickeln, 1 Stunde kühl stellen.

Die Gemüsemischung in die blindgebackenen Förmchen füllen. Die Garnelen gleichmäßig darauf verteilen.

Zuletzt die Royale über die Füllung gießen – immer nur so viel, daß alle Zutaten der Füllung verbunden sind.

Den Mürbteig zubereiten, wie gezeigt. Für die Füllung die Zwiebeln und den Knoblauch fein hacken. Die Paprikaschoten in feine Streifen, den Lauch in Ringe schneiden. Die Zucchini fein würfeln. Das Öl in einer Pfanne erhitzen, die Zwiebeln und den Knoblauch darin anschwitzen, Lauch, Paprika und Zucchini zugeben und knackig garen. Abkühlen lassen. Den gut gekühlten Teig dünn ausrollen und die gefetteten Förmchen damit auslegen. Mit einer Gabel den Boden mehrmals einstechen, mit Backpapier auslegen und die Erbsen einfüllen. Bei 200 °C im vorgeheizten Ofen 10 Minuten blindbacken. Herausnehmen, Erbsen und Papier entfernen. Für die Royale die Sahne mit den Kräutern (Petersilie, Schnittlauch, Basilikum, Kerbel) und den Eiern glattrühren. Salzen, pfeffern und den Käse unterheben. Die Förmchen füllen, wie gezeigt. Die Royale darübergießen. In 20 bis 25 Minuten knusprig hellbraun backen. Warm servieren.

Tourteau farci

TASCHENKREBS, GEFÜLLT MIT EINEM RAGOUT VON KREBSFLEISCH, GEMÜSE UND CHAMPIGNONS.

Ein Krebs von 750 g liefert in etwa 120 bis 150 g reines Fleisch, und das ist gerade recht für eine Portion. Deshalb sollte man beim Einkauf auf das Gewicht achten. Man kann sie bereits gekocht kaufen oder im angegebenen Sud selbst garen.

4 Taschenkrebse (je 750 g)
Für den Sud:
3 l Wasser, 1/2 l trockener Weißwein, 1 EL Salz
10 angedrückte Pfefferkörner, 2 Lorbeerblätter
1 große Zwiebel, geviertelt
1 ungeschälte Knoblauchzehe, angedrückt
50 g Petersilienwurzel, 50 g Knollensellerie
Für die Füllung:
250 g Tomaten, gehäutet, 20 g Butter
2 Knoblauchzehen, geschält und ganz fein gehackt
70 g Schalotten, geschält und ganz fein gehackt
2 cl Cognac, 200 g Zucchini, in dünnen Streifen
1/2 TL Salz, 1/3 TL Cayennepfeffer, 2 EL Zitronensaft

Die Scheren und die Beine vom Panzer mit einer drehenden Bewegung abbrechen. Die Schwanzplatte an der Unterseite abheben und mit einer drehenden Bewegung entfernen.

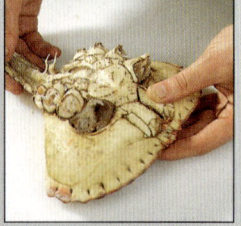

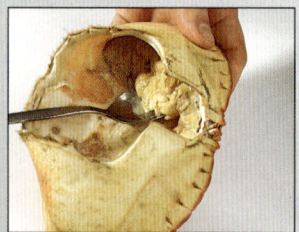

Den ausgelösten »Körper« glatt halbieren und sein Fleisch sowie jenes der Schale mit einem Teelöffel herauslösen.

Die Krebsscheren mit dem Rücken eines schweren Messers aufschlagen, die Schalen abheben und das Fleisch herauslösen.

Um die Schale zum Füllen zu gewinnen, den Panzer an der geschwungenen Naht mit einer Schere anschneiden. Ausbrechen.

Den gefüllten Taschenkrebs kann man auch mit einer schmackhaften Kruste überziehen. Dazu wird die Butter mit Semmelbröseln und etwas geriebenem Cantal oder Parmesan gemischt, über die gefüllten Krebse verteilt und gratiniert.

150 g Champignons, geputzt und in Scheiben
60 ml Weißwein, 3 EL geschlagene Sahne
1 EL gehackte Petersilie, 40 g zerlassene Butter

Für den Sud das Wasser aufkochen, den Wein zugießen und die würzenden Zutaten zugeben. Etwa 5 Minuten kochen. Die lebenden Krebse unter fließendem Wasser säubern und nacheinander in den sprudelnd kochenden Sud geben. Erst wenn der Sud wieder kräftig sprudelt, den nächsten hineingeben. Etwa 30 Minuten bei mittlerer Hitze kochen und im Sud abkühlen lassen. Öffnen, das Fleisch herauslösen und die Schale zum Füllen vorbereiten, wie gezeigt. Dafür Scheren und Beine vom Panzer sowie die Schwanzplatte an der Unterseite drehend entfernen. Ein Messer zwischen Schale und Unterseite schieben und die Unterseite vom Rand rundherum mit dem Messer lösen. Den »Körper« herauslösen. Zum Schluß die Beinchen mit dem Messer anknacken und das Fleisch mit der Hummergabel herausziehen. Den Panzer an der geschwungenen Naht der Unterseite anschneiden und an der Naht entlang sauber ausbrechen, wie gezeigt. Die so gewonnene Schale sauber auswaschen und gut trocknen. Für die Füllung das Fruchtfleisch der Tomaten würfeln. Die Butter in einer großen Pfanne zerlassen und Knoblauch und Schalotten darin hell anschwit-

zen. Mit dem Cognac ablöschen, die Tomaten und Zucchini 2 bis 3 Minuten mitdünsten. Mit Salz, Cayennepfeffer und Zitronensaft würzen. Die Champignons 2 bis 3 Minuten in dem Gemüse dünsten. Das Krebsfleisch klein schneiden und zufügen. Den Weißwein zugießen und weitere 2 bis 3 Minuten dünsten. Schlagsahne und Petersilie untermischen, in die vorgewärmten Krebsschalen füllen. Mit der Butter beträufeln und kurz unter dem Grill gratinieren. Will man das saftige Fleisch aus den Scheren pur genießen, kann man es in den angeknackten Scheren gesondert reichen. Frisches Weißbrot und einen spritzigen Muscadet dazu servieren.

Streifenbarben unter feiner Kruste

IHR ZARTES FLEISCH HARMONIERT BESTENS MIT DER BUTTRIGEN KRUSTE AUS BROT UND PINIENKERNEN.

Diese feinen Fische werden meist mit den wesentlich selteneren »Rotbarben«, die ebenfalls zur Familie der Meerbarben gehören, verwechselt und auch so angeboten, weil sie international unter der französischen Bezeichnung »rouget« gehandelt werden. Aber der Irrtum ist nicht weiter schlimm, weil beide ganz vorzüglich schmecken. Kleinere Exemplare werden übrigens oft auch unausgenommen gegart, weil sie keine Galle haben. Gourmets bezeichnen sie deshalb auch als »Schnepfen des Meeres«, bezogen auf die delikaten Vögel, die bekanntlich mit den Eingeweiden verzehrt werden.

4 Streifenbarben (je 200 g)
je 4 Zweige Thymian und Rosmarin
4 Sellerieblättchen
Salz, frisch gemahlener Pfeffer
Für die Panade:
120 g Butter, 80 g Weißbrotbrösel
40 g grobgehackte Pinienkerne
2 TL feingehackte glatte Petersilie
Salz, frisch gemahlener Pfeffer, etwas Zitronensaft
Für die Tomatensauce:
300 g Tomaten, 1 Knoblauchzehe
60 g Zwiebel, 1 EL Öl
150 ml Fischfond (siehe Seite 8)
Salz, frisch gemahlener Pfeffer
Außerdem:
40 g Butterflöckchen, 2 Zweige Thymian

1. Die Streifenbarben sehr vorsichtig schuppen, denn sie haben eine sehr empfindliche Haut unter den wenigen großen Schuppen. Ausnehmen, kalt abspülen und trockentupfen. Die Thymian- und Rosmarinzweige und die Sellerieblättchen in die Bauchhöhlen der Streifenbarben verteilen, salzen und pfeffern.

2. Für die Panade die Butter mit den Weißbrotbröseln, den Pinienkernen und der Petersilie mischen. Mit Salz, Pfeffer und Zitronensaft würzen. Gleichmäßig auf die Fische streichen.

3. Für die Sauce die Tomaten blanchieren, häuten, vierteln, von Stielansatz und Samen befreien und das Fruchtfleisch würfeln. Den Knoblauch und die Zwiebel schälen und fein hacken. Das Öl in einer Pfanne erhitzen und die Knoblauch- und Zwiebelwürfel kurz darin anschwitzen. Die Tomatenwürfel zufügen und durchschwenken. Den Fischfond zugießen und etwas einkochen lassen. Mit Salz und Pfeffer abschmecken.

4. Die Tomatensauce in eine feuerfeste Form füllen und die Streifenbarben nebeneinander darauflegen. Die Butterflöckchen auf den Fischen verteilen. Die Thymianzweige in die Form legen. Unter dem vorgeheizten Grill in 8 bis 10 Minuten garen. Dazu passen besonders gut frisches Weißbrot und ein Weißwein von der Loire.

Solche Prachtexemplare sind in europäischen Gewässern rar geworden. Langusten zwischen 500 g und 1 kg sind die gängigen Größen heutzutage.

Turbot, langouste et moules

DIE SAFRANSAUCE VERBINDET DIE EINZELNEN ZUTATEN BESTENS, UND DIE SEPIANUDELN MACHEN DAS GERICHT ZU EINEM OPTISCHEN ERLEBNIS.

1 Languste (etwa 1,1 kg)
300 g Teppichmuscheln
4 Steinbuttfilets (je etwa 120 g)
Salz, frisch gemahlener Pfeffer
Für den Nudelteig:
300 g Mehl, 2 Eier, 1 EL Olivenöl
1/2 TL Salz, 20 g Sepiatinte, Wasser nach Bedarf
Für die Court-Bouillon:
200 g Möhren, 100 g Zwiebeln
2 Zweige Petersilie, 2 Lorbeerblätter
etwa 4,5 l Wasser, Salz
einige weiße Pfefferkörner, zerstoßen
Für die Safransauce:
20 g Schalotte, 100 ml Weißwein, 2 cl Noilly Prat
400 ml Fischfond (siehe Seite 8)
1/4 l Sahne, einige Safranfäden
Salz, Cayennepfeffer, einige Tropfen Zitronensaft
20 g Butter, in Stückchen
Außerdem:
glatte Petersilie zum Garnieren

Den Nudelteig zubereiten, in Folie wickeln und 1 Stunde kühl ruhen lassen. Auf einer bemehlten Fläche dünn ausrollen und mit einem Messer oder einer Nudelmaschine mit einem Aufsatz für Capelli d'angelo in schmale Bänder schneiden. Auf einem Tuch ausbreiten und etwas trocknen lassen. Für die Court-Bouillon die Möhren und die Zwiebeln schälen und in Scheiben schneiden. Die Petersilie waschen. Alle Zutaten bis auf die Pfefferkörner in einem Fischkessel 40 Minuten kochen. Kurz vor Ende der Kochzeit die Pfefferkörner zugeben. Für die Safransauce die Schalotte schälen, in Scheiben schneiden und in einen Topf geben. Den Weißwein und den Noilly Prat zugießen und aufkochen. Den Fischfond zufügen und alles bei mittlerer Hitze auf 1/3 reduzieren. Die Sahne einrühren und sämig einkochen. Die Sauce durch ein Sieb in einen kleinen Topf pas-

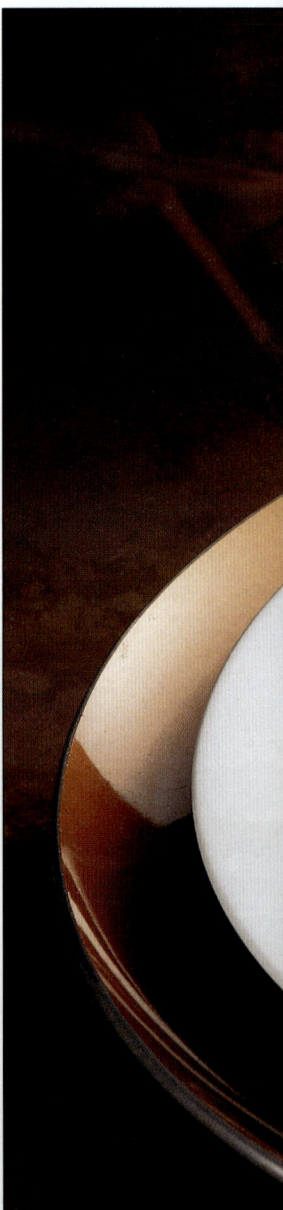

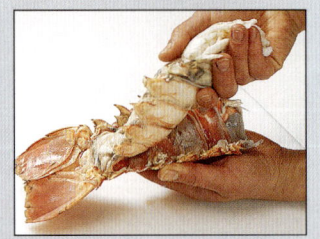

Die Languste mit einer Hand am Brustpanzer packen, mit der anderen den Schwanz drehend herausziehen. Diesen auf den Rücken legen und an den Seiten den weichen unteren Panzer aufschneiden. Das Schwanzfleisch locker halten und das Karkassenstück entfernen. Dafür das Fleisch vorsichtig mit einem Messer vom Panzer lösen, um sicherzugehen, daß es sich im ganzen abheben läßt. Das Fleisch herausheben.

sieren. Die Safranfäden und die Gewürze zugeben und weitere 10 Minuten köcheln lassen. Zur Seite stellen. Damit die Languste beim Kochen ihre Form behält, diese ausgestreckt auf ein mit Alufolie umwickeltes Brett legen und, am Schwanzende beginnend, in engen Abständen festbinden. Kopfüber in die sprudelnd kochende Court-Bouillon geben und etwa 15 Minuten kochen. Herausheben und vom Brett lösen. Etwa 1/2 l von der Court-Bouillon in einen flachen Topf seihen und warm stellen. Das Fleisch der Languste auslösen, wie gezeigt, in Scheiben schneiden und warm halten. Die Muscheln waschen, Sand und Kalkreste entfernen, geöffnete

Exemplare wegwerfen. Die Muscheln in dem bereitgestellten Court-Bouillon kochen, bis sie sich geöffnet haben, herausheben, geschlossene Exemplare wegwerfen. Die Steinbuttfilets würzen, in den Topf gleiten lassen und je nach Dicke der Scheiben in etwa 3 Minuten garziehen lassen. Gleichzeitig die Sepianudeln in sprudelnd kochendem Salzwasser al dente kochen, abseihen und kurz abschrecken. Die Nudeln, das Langustenfleisch, die Muscheln und die Steinbuttfilets auf Teller anrichten. Inzwischen die Sauce erwärmen, die Butter zugeben und mit dem Stabmixer kurz aufmixen, nochmals abschmecken und auf Teller verteilen. Mit Petersilie garnieren.

Der Steinbutt, der in Frankreich »turbot« heißt, gehört sicherlich zu den feinsten Fischen aus den kalten Gewässern des Nordens. Deshalb sollte er auch nur mit geschmacklich gleichwertigen Zutaten kombiniert werden. Languste, Venusmuscheln und schwarze Nudeln samt der Safransauce sind entsprechende Partner.

Jakobsmuscheln mit Gemüse

COQUILLES ST.-JACQUES SIND IN DER FRANZÖSISCHEN KÜCHE BESONDERS BELIEBT.

Die französischen Fischer können den großen Bedarf an Jakobsmuscheln nicht decken. Große Mengen kommen aus Spanien, und im Handel werden sie oft mit der Großen Pilgermuschel verwechselt, die aber auch von recht ordentlicher Qualität ist.

Coquilles St.-Jaques sind das Beste aus der Familie der Kammuscheln. Mit knackigem Brokkoli und frischen Champignons zubereitet, schmecken sie besonders fein. Bereitet man frische Jakobsmuscheln zu, dann werden die »Nuß«, das ist der weiße Muskel, und der Rogen (Corail) verwendet. Tiefgefroren kann man aber die Muskel ohne Rogen kaufen, wobei dann 4 Stück pro Portion genommen werden sollten.

12 Jakobsmuscheln
Für das Gemüse:
80 g Schalotten, 150 g frische Champignons
250 g Brokkoli, 150 g rote oder grüne Paprikaschote
30 g Butter, 4 cl Noilly Prat
100 ml trockener Weißwein (Sauvignon blanc)
100 ml Fischfond (siehe Seite 8)
1/2 TL Salz, frisch gemahlener weißer Pfeffer
2 TL Aceto Balsamico, 4 EL geschlagene Sahne
Für die Beilage:
1 EL Öl
100 g frische, süße Ananas, in Stücke geschnitten
200 g körnig gekochter Reis
1 EL geröstete Sesamsamen

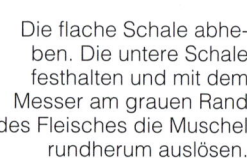

Die Schalenhälfte nach oben halten. Ein starkes Messer zwischen die Schalen schieben und den Muskel an der flachen Innenseite durchtrennen.

Die flache Schale abheben. Die untere Schale festhalten und mit dem Messer am grauen Rand des Fleisches die Muschel rundherum auslösen.

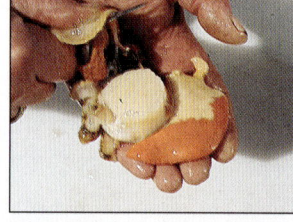

Aus der Schale heben. Den grauen Rand vom weißen Muskelfleisch und dem orangefarbenen Rogen abziehen. Er kann für den Fond verwendet werden.

Das weiße Muskelfleisch – es wird in der Fachsprache auch »Nüßchen« genannt – vom orangefarbenen Rogen (Corail) vorsichtig trennen.

Die Muscheln sorgfältig waschen und säubern. Aus der Schale lösen, wie in der Bildfolge beschrieben, und den Rogen vom Muskel trennen. Für das Gemüse die Schalotten schälen und vierteln. Die Champignons waschen, trocknen und in Scheiben schneiden. Den Brokkoli in kleine Röschen teilen, dabei die kleinen, zarten Blätter daranlassen. Die Paprikaschote halbieren, Samen und Scheidewände entfernen und das Fruchtfleisch klein würfeln. Die Butter in einer entsprechend großen Kasserolle zerlassen und die Schalotten darin kurz andünsten. Die Jakobsmuscheln (Muskel) einmal quer durchschneiden, in die Kasserolle geben und bei mittlerer Hitze etwa 2 Minuten dünsten, bis sie außen fest und weiß geworden sind. Herausnehmen und warm stellen. Das Gemüse 2 bis 3 Minuten in der Kasserolle dünsten und mit Noilly Prat ablöschen. Weißwein und Fischfond zugießen und bei schwacher Hitze langsam weich dünsten. Mit Salz, Pfeffer und Balsamico würzen. Die Jakobsmuscheln mit dem Rogen dazugeben und bei schwacher Hitze 2 bis 3 Minuten ziehen lassen. Zuletzt die geschlagene Sahne unterrühren. Für die Beilage das Öl erhitzen und die Ananasstücke darin kurz anbraten. Den Reis und die Sesamsamen untermischen.

Oliven sind ein wesentlicher Bestandteil der mediterranen Kochkunst. Die milden schwarzen Sorten harmonieren besonders gut mit dem Aroma der Tomaten, dem kräftigen Rotwein und dem Fisch.

Stockfisch in Tomaten-Rotwein-Sauce

»MORUE SECHE«, DER LUFTGETROCKNETE KABELJAU, WIRD IN SÜDFRANKREICH MIT WEIN UND TOMATEN ZUBEREITET.

Ein durch und durch mediterranes Rezept mit vielen Varianten, aber der Rotwein der Region spielt dabei immer die Hauptrolle. Ein Châteauneuf-du-Pape ist sicher die richtige Wahl. Die übrigen Zutaten sind dann weitestgehend »Geschmackssache«. Der Fenchel und die Kapern, die für die Küche an der französischen Mittelmeerküste ganz typisch sind, runden das Aroma jedenfalls hervorragend ab. Stockfisch wird nach dem ältesten Verfahren zur Lebensmittelkonservierung hergestellt, indem die Fische an der freien Luft trocknen. Dies geschieht vornehmlich an der See in nördlichen Gefilden, wo die Temperaturen niedrig und die Luftbewegungen gering sind. Magere Fische wie Kabeljau, Schellfisch, Seelachs und Lengfisch, ausgenommen und geköpft, eignen sich gut dafür. Im Gegensatz zu Klippfisch, ebenfalls luftgetrockneter Fisch, wird Stockfisch nicht gesalzen.

1 kg Stockfisch
Für die Tomaten-Rotwein-Sauce:
120 g Zwiebeln
500 g Tomaten
30 ml Olivenöl
1 TL Tomatenmark
400 ml Rotwein (Châteauneuf-du-Pape)
Salz, frisch gemahlener Pfeffer

1 TL frischer Thymian, gehackt
1/2 TL Fenchelsamen
100 g schwarze Oliven, 50 g in Salz eingelegte Kapern
Außerdem:
Mehl zum Bestauben, 30 ml Olivenöl zum Braten
1 EL gehackte glatte Petersilie

1. Den Stockfisch mit der Hautseite nach unten in eine Form legen und mindestens 12 Stunden wässern, dabei das Wasser mehrmals wechseln. Den Fisch aus der Form nehmen, die Haut vollständig abziehen, die Gräten entfernen und den Stockfisch in etwa 4 cm breite Stücke schneiden.

2. Für die Sauce die Zwiebeln schälen und in Würfel schneiden. Die Tomaten blanchieren, häuten, vierteln, Stielansätze und Samen entfernen und das Fruchtfleisch ebenfalls würfeln. Das Olivenöl in einem Topf erhitzen und die Zwiebelwürfel darin hell anschwitzen. Die Tomaten zugeben und 3 bis 4 Minuten mitschwitzen. Das Tomatenmark einrühren und den Rotwein zugießen. Mit Salz, Pfeffer, Thymian und Fenchel würzen. 30 Minuten köcheln lassen. Die Oliven und die vom Salz befreiten Kapern zugeben und weitere 5 Minuten köcheln lassen.

3. Die Fischstücke mit Mehl bestauben. Das Öl in einer Pfanne erhitzen und den Stockfisch darin von jeder Seite knusprig braten.

4. Den Fisch mit der Tomaten-Rotwein-Sauce auf Teller anrichten und mit Petersilie bestreuen. Dazu passen ganz einfache Salzkartoffeln oder frisches, knuspriges Weißbrot und natürlich der Rotwein, der für die Sauce verwendet wurde.

Schwarze Oliven
sind bei proven-
çalischen Gerichten
geschmackliche
Krönung und Deko-
ration zugleich.

Dorade au four

DIE DORADE, MIT GEMÜSE, OLIVEN UND WEIN IM
OFEN GEGART, IST IN SÜDFRANKREICH EIN
BELIEBTES ESSEN IN DER WARMEN JAHRESZEIT.

Doraden sind ideale Fische für diese Zuberei-
tungsmethode. Sie werden schon aufgrund ihrer
flachen Form gleichmäßig und in relativ kurzer
Zeit gar. Außerdem harmonieren sie besonders
gut mit den Kräutern und Tomaten. Verwendet
man kleine Exemplare, dann sollte man das
Gemüse länger vorgaren, damit die Fische nicht
trocken werden.

1 Dorade rose oder royale (etwa 1,2 kg)
1 TL Salz, frisch gemahlener Pfeffer
2 Knoblauchzehen
150 g Zwiebeln
500 g Tomaten
200 g gelbe Paprikaschoten
4 bis 5 EL Olivenöl
100 g schwarze Oliven
einige Salbeiblättchen
1 kleiner Zweig Rosmarin
1 Zweig Thymian
1/8 l Roséwein

**Je frischer, desto
besser.** Doraden in
allen Größen gibt es
direkt vom Boot
oder auf den vielen
Fischmärkten
entlang der Küste.

1. Die Dorade schuppen, ausnehmen, innen und
außen unter fließendem kalten Wasser sorgfältig
waschen und trockentupfen. Mit einem scharfen
Messer einige Male auf beiden Seiten quer einschneiden, damit das Aroma von Gemüse und
Kräutern gut in das Fleisch eindringen kann. Den
Fisch innen und außen salzen und pfeffern.

2. Den Knoblauch und die Zwiebeln schälen,
den Knoblauch in dünne Scheiben, die Zwiebel in
Ringe schneiden. Die Tomaten häuten, vierteln,
Stielansatz und Samen entfernen und die Viertel

halbieren. Die Paprikaschoten halbieren, Samen und Scheidewände entfernen und das Fruchtfleisch in dünne Streifen schneiden.

3. Eine feuerfeste Form mit 3 EL Öl ausgießen und darin die Knoblauchscheiben, die Zwiebelringe, die Tomatenviertel und die Paprikastreifen mit den Oliven, den Salbeiblättchen, dem Rosmarin und dem Thymian verteilen. Bei 200 °C in den vorgeheizten Ofen schieben und etwa 10 Minuten andünsten. Dann erst die vorbereitete Dorade darauflegen und den Roséwein zugießen. Den

Fisch mit dem restlichen Öl beträufeln und in 15 bis 20 Minuten garen. Zwischendurch mit etwas Bratflüssigkeit beschöpfen. Die Dorade ist gar, wenn sich die Rückenflossen mühelos herausziehen lassen.

4. Dazu serviert man gekochte Kartoffeln oder ganz einfach frisches, knuspriges Weißbrot und denselben Wein, der für die Zubereitung verwendet wurde. Ein Rosé aus Frankreichs Süden, zum Beispiel ein Tavel, ist ideal, es kann aber auch ein spritziger Weißer sein.

Gemüse-Scholle

FRISCHER FISCH UND FRISCHES GEMÜSE SIND VON HAUS AUS EINE DELIKATESSE.

Das trifft nicht zuletzt für die Schollen zu, die im Frühling am besten schmecken, und mit jungem Gemüse harmonieren sie natürlich bestens. Dabei kann man sich beim Gemüse durchaus vom aktuellen Marktangebot leiten lassen, denn zum Fisch passen fast alle Gemüsearten, wenn sie nur jung und zart genug sind. Das Gemüse soll in kurzer Zeit gar und noch ein bißchen knackig sein. So schmeckt es als Kontrast zu dem weichen Fleisch der Scholle besonders gut. Wenn frische Shrimps am Markt sind, oder auch Nordseekrabben (Sägegarnelen), dann ist das eine gute Abwechslung.

4 Schollen (je 400 g), küchenfertig
Salz, frisch gemahlener Pfeffer
etwas Mehl zum Bestauben
40 g Butter
3 EL Öl
Für die Garnelen-Gemüse-Mischung:
150 ml Kalbsfond
50 g Möhre
50 g Lauch
100 g Stangensellerie
50 g Petersilienwurzel
20 g Butter
250 g kleine Sägegarnelen
Salz, frisch gemahlener Pfeffer
1 EL gehackte Petersilie
Außerdem:
1 EL Schnittlauchröllchen

1. Von den Schollen den Flossensaum in Richtung Kopf mit einer Schere abschneiden. Den Fisch innen und außen unter fließendem kalten Wasser waschen und gut trockentupfen. Salzen, pfeffern und außen mit Mehl bestauben.

2. Den Kalbsfond in einen Topf füllen, aufkochen und bei mittlerer Hitze um 1/3 reduzieren. Inzwischen das Gemüse putzen beziehungsweise schälen. Die Möhre in feine Scheibchen, den Lauch in dünne Ringe, den Stangensellerie in etwa 5 cm lange Streifen und die Petersilienwurzel in kleine Würfel schneiden.

3. Die Butter in einer Pfanne zerlassen und das Gemüse darin anschwitzen. Den reduzierten Fond aufgießen und 5 Minuten köcheln lassen. Die Garnelen zugeben und weitere 2 Minuten köcheln lassen. Mit Salz und Pfeffer würzen und die Petersilie einstreuen.

4. Die Butter und das Öl in einer entsprechend großen Pfanne erhitzen und die Schollen darin von jeder Seite etwa 4 Minuten braten. Herausnehmen und mit der Garnelen-Gemüse-Mischung anrichten. Mit Schnittlauchröllchen bestreuen.

Die Scholle wird mit Vorliebe in den Küchen der Anrainerstaaten der Nordsee zubereitet. Das norddeutsche Rezept »Scholle nach Finkenwerder Art« zeigt wie eng die kulinarische Verwandtschaft zwischen der britischen und deutschen Fischküche ist.

Lachsfilet in Sauerampfersauce

DEM FETTREICHEN, KRÄFTIGEN LACHSFILET BEKOMMT EINE FRISCHE, SÄUERLICHE KRÄUTERSAUCE SEHR GUT.

Ein Frühlingsessen, so richtig für die Osterzeit, wenn der junge Sauerampfer auf den Markt kommt. Wer den Wilden Sauerampfer selbst von der Wiese holen möchte, muß meist einige Tage länger warten, dafür ist der selbstgepflückte aber viel kräftiger im Geschmack.

1 kg Lachs (Mittelstück)
1/2 TL Salz, frisch gemahlener Pfeffer
8 mittelgroße Kaisergranate (Scampi), 60 g Butter
Für die Sauerampfersauce:
80 g Sauerampfer
30 g Schalotten, 20 g Butter
200 ml Fischfond (siehe Seite 8)
1/8 l Sahne, 1/8 l Champagner
1/2 TL Salz, frisch gemahlener Pfeffer
Außerdem:
einige Sauerampferblättchen zum Garnieren

Der feinste Lachs für ein solches Essen ist natürlich, frisch gefangen, der Wildlachs. Sein Aroma ist unübertrefflich, aber er kommt nur, zumindest bei uns, höchst selten in den Handel.

So schmeckt ein guter Lachs am besten: ganz einfach in Butter gebraten, mit einer Kräutersauce und als Beilage vielleicht gekochte Kartoffeln oder körnig gekochter Reis. Champagner in der Sauce und Scampi, mitgebraten, machen das Ganze zu einem kulinarischen Erlebnis.

1. Die Lachsstücke von beiden Seiten leicht salzen und pfeffern. Die Schwänze der Scampi vom Kopfteil abdrehen und mit einem scharfen Sägemesser die Schale auf der Unterseite der Länge nach aufschneiden. Den dabei als dunklen Streifen sichtbar werdenden Darm entfernen. Die Scampi mit der Schale längs halbieren.

2. Für die Sauce den Sauerampfer von den Stielen befreien, waschen, trockenschütteln und in dünne Streifen schneiden. Die Schalotten schälen und ganz fein hacken. In einer entsprechend großen Kasserolle die Butter zerlassen, die Schalotten darin hell anschwitzen und mit dem Fisch-

fond aufgießen. Bei schwacher Hitze langsam auf etwa die Hälfte reduzieren. Die Sahne zugießen und einige Minuten köcheln lassen. Den Sauerampfer zugeben und aufkochen, warm halten.

3. Das Lachsstück ganz sorgfältig schuppen, vom Rücken her aufschneiden und das Rückgrat und die Gräten sorgfältig herauslösen. In 4 möglichst gleich große Stücke schneiden. Die Butter in einer entsprechend großen Pfanne zerlassen. Die Lachsstücke hineinlegen und bei geringer Hitze zuerst auf der Hautseite 5 bis 6 Minuten braten, wenden und dann weitere 4 bis 5 Minuten von der anderen Seite braten.

4. Die halben Scampischwänze mit der Schnittseite nach unten in die Pfanne legen. Zusammen mit dem Lachs weitere 3 Minuten braten.

5. Den Champagner mit einem Schneebesen in die Sauce rühren und erneut kurz aufwallen lassen, mit Salz und Pfeffer würzen.

6. Die Fischstücke und die Scampischwänze mit der Sauce anrichten, mit Sauerampferblättchen garnieren und sofort servieren. Dazu passen gekochte Kartoffeln oder auch Pellkartoffeln besonders gut. Als Getränk empfiehlt sich der große Rest vom Champagner.

Langusten und Hummer von der zerklüfteten Connemara-Küste im Nordwesten Irlands gehören zum Feinsten auf dem europäischen Markt. Allerdings werden auch dort die Fangmengen geringer und die Tiere immer kleiner.

Steinbutt mit Languste und Jakobsmuscheln

EIN GERICHT DER »ALTEN SCHULE«, SO WIE MAN ES FRÜHER ZUBEREITET HAT.

Eine klassische Sauce sowie frische Produkte, und die sind an der Westküste Irlands garantiert. Da holt man immer noch die schönsten Langusten heraus, und der »turbot«, so heißt in Irland der Steinbutt, ist von bester Qualität.

1 gekochter Langustenschwanz (400 g)
4 Jakobsmuscheln
4 Steinbuttfilets (je 120 g)
Salz, frisch gemahlener Pfeffer
30 g Butter
Für die Weißweinsauce:
200 ml Fischfond (siehe Seite 8)
200 ml Hummerfond (siehe Seite 9)
100 ml Weißwein
2 cl Noilly Prat
150 ml Sahne
Außerdem:
100 g Zuckerschoten
1 EL gehackter Dill
1 EL gehackte Petersilie

1. Den Langustenschwanz aufbrechen und das Fleisch möglichst unversehrt herauslösen. Den Darm am Schwanzende lösen und von der anderen Seite herausziehen. Das Schwanzfleisch in gleichmäßig starke Scheiben schneiden.

2. Die Jakobsmuscheln gründlich säubern, mit einem Küchentuch in eine Hand nehmen, mit einem spitzen, starken Messer öffnen, den inneren Muskel durchtrennen und die flache obere Schale abheben. Mit einem Messer am grauen Rand des Fleisches die Muschel rundherum auslösen und aus der Schale heben. Den grauen Rand von dem weißen Muskelfleisch und dem orangefarbenen Rogen (Corail) abziehen. Das weiße Fleisch, in der Fachsprache auch Nüßchen genannt, und den Rogen vorsichtig voneinander trennen. Das weiße Muskelfleisch quer halbieren.

3. Für die Sauce den Fischfond, den Hummerfond, den Weißwein und den Noilly Prat in einer Kasserolle zum Kochen bringen und um die Hälfte reduzieren. Die Sahne zugießen und die Sauce bei geringer Hitze sämig einkochen lassen.

4. Die Zuckerschoten putzen und in Rauten schneiden. In kochendem Salzwasser garen, herausheben und abtropfen lassen. Warm halten.

5. Die Steinbuttfilets salzen und pfeffern. Die Butter in einer Pfanne zerlassen und die Filets darin von jeder Seite etwa 2 Minuten braten. Das Jakobsmuschelfleisch und den Rogen zugeben und kurz anziehen lassen. Die Langustenscheiben kurz mitbraten. Herausheben und mit den Zukkerschoten auf Teller anrichten. Die Sauce zum Bratfond in die Pfanne gießen, kurz aufkochen, nochmals abschmecken und auf die angerichteten Teller verteilen. Mit Dill und Petersilie bestreuen und sofort servieren.

Merlanfilets mit Garnelen

DAZU EINE SCHNITTLAUCHSAUCE, DIE MIT IHREM FRISCHEN GESCHMACK DIE KOMBINATION AUFS BESTE ABRUNDET.

Der Merlan – bei uns auch Wittling genannt – wird kulinarisch total verkannt, vermutlich wegen seiner Verwandtschaft zu den anderen »Dorschartigen« Fischen wie Kabeljau und Schellfisch, und weil er eben in relativ großen Mengen gefangen und entsprechend preiswert gehandelt wird. Das schmälert aber keineswegs die Qualität seines zarten weißen und vor allem feinen Fleisches. Die Garnelen werden in Belgien heute nur noch in Oostduinkerke von den weltberühmten Krabbenfischern zu Pferde gefischt: Die in gelbe Wetterkleidung gehüllten Reiter sind das Wahrzeichen der Stadt. Sie ziehen die Schleppnetze, in denen die im Sand eingegrabenen Garnelen gefangen

Die schweren Zugpferde mit ihren Reitern haben schon vor Jahrhunderten Garnelen aus diesem sandigen Grund geholt. Das seichte Wasser ohne Wellenbrecher oder andere Hindernisse ermöglicht den Pferden das Marschieren im Wasser fast gefahrlos.

Das zart gebratene Merlanfilet ist an sich schon ein feines Essen, aber die frischen Champignons und die Garnelen machen es erst perfekt. Kleine Garnelen sollten es sein, Nordseekrabben oder Sägegarnelen, weil sie besonders viel Geschmack mitbringen.

werden. Der Fang findet bei Ebbe statt, und aus der Beute hat sich eine Gastronomie mit typischen Fischgerichten entwickelt. Diese regionalen Spezialitäten, wovon sich viele auf das lokale Folklore stützen, sind der Stolz dieser Gegend.

Foto: Vereniging voor Vreemdelingenverkeer, Koksijde

8 Merlanfilets (je 100 g)
Salz, frisch gemahlener Pfeffer
200 g Champignons, 30 g Butter
200 g Garnelen
Für die Schnittlauchsauce:
20 g Schalotten
100 ml Weißwein
400 ml Fischfond (siehe Seite 8), 1/4 l Sahne
Salz, frisch gemahlener Pfeffer

| einige Tropfen Zitronensaft |
| 1 EL geschlagene Sahne |
| 1 Bund Schnittlauch, in Röllchen geschnitten |

1. Für die Sauce die Schalotten schälen und in Scheiben schneiden. In einen Topf geben, den Weißwein zugießen und aufkochen. Den Fischfond aufgießen und alles bei mittlerer Hitze auf 1/3 reduzieren. Die Sahne unterrühren und bei geringer Hitze vorsichtig aufkochen, dabei ständig umrühren. Mit Salz, Pfeffer und Zitronensaft abschmecken. So lange köcheln lassen, bis die Sauce die gewünschte sämige Konsistenz hat. Durch ein feines Sieb passieren.

2. Die Merlanfilets mit Küchenpapier trockentupfen, leicht salzen und pfeffern. Die Champignons putzen und in Scheiben schneiden. Die Butter in einer entsprechend großen Pfanne zerlassen und die Filets darin von jeder Seite etwa 1 Minute braten. Herausnehmen und warm halten. Die Champignonscheiben und die Garnelen kurz in der verbliebenen Butter in der Pfanne braten. Auf Teller anrichten und warm halten.

3. Den Bratfond in die Sauce sieben und untermischen. Die geschlagene Sahne unterheben und mit dem Mixstab kurz aufmixen. Die Schnittlauchröllchen einrühren. Die Sauce zu den Merlanfilets auf die Teller geben.

Gratinierte Austern auf Spinat

IN HOLLAND VERSTEHT MAN ES, GUTE AUSTERN ZU ZÜCHTEN. AUF DIE FEINE ART GENIESST MAN SIE MIT EINEM KLACKS KAVIAR.

»Verwaterbassins« heißen die Klärbecken in Holland, in die sich die marktreifen Austern noch für einige Tage in Quarantäne begeben müssen, ehe sie verkauft werden. Aber dann kommt eine 1a-Ware auf den Markt: Austern, die schön frisch nach Meerwasser schmecken.

Für dieses Rezept sollten es große Austern sein, und mit annähernd 100 g pro Stück entspricht das bei den Felsenaustern den Größen T oder TG.

24 Austern (portugiesische), Größe T oder TG
Für die Weißweinsauce:
20 g Butter
40 g Schalotten
60 ml trockener Weißwein
1/4 l Fischfond (siehe Seite 8)
das aufgefangene Austernwasser
1/8 l Sahne
Salz, frisch gemahlener weißer Pfeffer
2 EL Schlagsahne
Für den Spinat:
150 g Spinat
20 g Butter
2 EL feingehackte Schalotten
1/4 TL Salz, frisch gemahlener Pfeffer
etwas frisch geriebene Muskatnuß
Außerdem:
grobkörniges Salz zum Einbetten, Petersilie
Kaviar (Beluga, Osietra oder Sevruga), nach Wunsch

Für die Sauce die Butter zerlassen und die Schalotten in etwa 5 Minuten darin hell anlaufen lassen. Den Weißwein zugießen und bei mittlerer Hitze langsam reduzieren, so daß die Schalotten noch richtig feucht sind. Die Mischung aus Fischfond und Austernwasser aufgießen und 5 Minuten reduzieren. Die flüssige Sahne einrühren und weitere 5 bis 10 Minuten leicht köcheln lassen.

Die Austern öffnen, das Austernwasser in einem Gefäß auffangen, mit dem Fischfond zu 1/4 l auffüllen und für die Sauce bereithalten. Die Austern auf einen Teller legen und kühl stellen. Die Sauce zubereiten, wie in der Bildfolge gezeigt, und zum Schluß passieren. Dafür ein Sieb mit einem Mulltuch auslegen und die Sauce durchgießen. Erneut erhitzen, mit Salz und Pfeffer abschmecken und die geschlagene Sahne unterrühren, dadurch wird die Sauce etwas leichter und schaumiger. Den Spinat von den dicken Stielen befreien, waschen und trockenschleudern. Die Butter in einer Kasserolle zerlassen und die Schalotten darin weich dünsten. Den Spinat zugeben, mit Salz, Pfeffer und Muskat würzen und einige Minuten dünsten, bis die Blätter weich sind. Auf ein Backblech eine etwa 2 cm hohe Salzschicht schütten und die tiefen Austernschalen so hineindrücken, daß sie möglichst waagerecht liegen. Den Spinat gleichmäßig darin verteilen und jeweils eine Auster in die Mitte setzen. Die Sauce über die Austern gießen. Die Austern zunächst bei 200 °C im vorgeheizten Ofen durch und durch erwärmen und anschließend unter dem Grill oder bei starker Oberhitze gratinieren. Die gratinierten Austern auf Teller mit Salz anrichten, mit Petersilie garnieren und sofort servieren. Ein Löffel Kaviar rundet das Ganze in idealer Weise ab.

DÄNEMARK

Nicht nur das Wasser
sondern auch das
Land liefert beste
Produkte. Daraus
werden in vielen
Landgasthöfen Däne-
marks zwar einfache,
doch überzeugende
Gerichte zubereitet.

Fiskeboller mit Sepianudeln

EINE KOMBINATION, DIE NUR TEILWEISE SKANDINAVISCH
IST, DIE SCHWARZEN NUDELN ERGÄNZEN SIE DELIKAT.

Kreative Köche sollten keine Landesgrenzen kennen, wenn es um den guten Geschmack geht.
Diese Kreation beweist, daß Nudeln nicht auf italienische Fischgerichte beschränkt bleiben sollten. Die Kapern als würzende Zutat sind in der
nordischen Küche ohnehin längst beliebt. Für die
folgende Sauce sollte man aber nicht die sauren
Konserven verwenden, sondern die in Salz eingelegten. Beim Italiener bekommt man sie immer.

Für die Sepianudeln:
150 g Mehl, 1 Ei, 1 EL Olivenöl
Salz, 10 g Sepiatinte, Wasser nach Bedarf
Für die Kapernsauce:
1 Schalotte, 100 ml trockener Weißwein
2 EL Noilly Prat
400 ml Fischfond (siehe Seite 8), 1/4 l Sahne
Salz, frisch gemahlener weißer Pfeffer
einige Tropfen Zitronensaft
20 g Butter, in Flöckchen, 1 EL gesalzene Kapern
Für die Fiskeboller:
250 g Kabeljaufilet, Salz, frisch gemahlener Pfeffer
15 g Butter, 15 g Speisestärke, 1 Ei, 75 ml Sahne
Für die Fischstücke:
320 g Kabeljaufilet, Salz, frisch gemahlener Pfeffer
2 EL Öl, Paprikapulver zum Bestauben
Außerdem:
Brunnenkresse zum Garnieren

1. Das Mehl auf eine Arbeitsfläche geben und in
die Mitte eine Mulde drücken. Das Ei hineinschla-
gen. Das Öl, das Salz und die Sepiatinte zugeben.
Mit einer Gabel die Zutaten zunächst in der
Mulde verrühren, in kreisenden Bewegungen
immer mehr vom Mehlrand mit hineinnehmen, bis ein dickflüssiger Teig entsteht, bei
Bedarf etwas Wasser zufügen. Mit den
Händen zu einem glatten Teig

verarbeiten. Eine Kugel formen, in Folie einschlagen und 1 Stunde ruhen lassen. Den Teig ausrollen und mit einem Messer oder einer Nudelmaschine mit einem Aufsatz für Capelli d'angelo in
dünne Nudeln schneiden. Auf ein Tuch ausbreiten und etwas abtrocknen lassen, damit sie nicht
zusammenkleben.

2. In der Zwischenzeit für die Kapernsauce die
Schalotte schälen, in feine Scheiben schneiden
und in einen Topf geben. Den Wein und den
Noilly Prat zugießen, aufkochen, den Fond zu-
gießen und bei mittlerer Hitze auf 1/3 reduzieren.
Die Sahne einrühren, die Sauce zu einer cremigen
Konsistenz einkochen. Durch ein Sieb passieren.

3. Für die Fiskeboller das Filet sauber parieren, in
Stücke schneiden, leicht salzen und pfeffern. Die
Butter schaumig rühren und die Speisestärke
untermischen. Den Fisch fein pürieren, dabei
nach und nach die Buttermischung zugeben, die
Masse in eine Schüssel füllen. Durchkühlen lassen. Ei und Sahne unterrühren und abschmecken.
Einen Probekloß in siedendem Salzwasser garziehen lassen, um seine Konsistenz zu prüfen. Mit
feuchten Händen 8 gleich große Klößchen formen, in das siedende Salzwasser gleiten und in
etwa 8 Minuten garziehen lassen.

4. Das Fischfilet in etwa 3 cm breite Streifen
schneiden, salzen und pfeffern. Das Öl erhitzen
und die Fischstücke darin braten. Herausnehmen,
mit Paprikapulver bestauben und warm stellen.

5. Die Nudeln in sprudelnd kochendem Salzwasser al dente kochen und abseihen. Die Sauce aufkochen, vom Herd nehmen und abschmecken.
Die Butter in Flöckchen zugeben und mit dem
Mixstab aufmixen. Die Kapern unterrühren. Alles
zusammen auf Teller anrichten und mit Brunnen-
kresse garnieren.

Lachs, ein Edelfisch, der inzwischen in Massen produziert wird. Norwegen hat dabei den größten Anteil in Europa. In den geschützten Fjorden mit dem vom Golfstrom temperierten Wasser des Atlantiks sind alle Voraussetzungen für eine erfolgreiche Fischzucht gegeben.

Lachskoteletts mit Lauchgemüse

LACHS UND LAUCH – EINE FEINE KOMBINATION, BESONDERS WENN DAS GEMÜSE MIT TRÜFFELÖL AROMATISIERT WIRD.

Eine Trüffel zusätzlich ist schon kulinarischer Luxus und macht das Gericht zur Delikatesse. Während der Trüffelsaison, Herbst und Winter, sollte man frische Trüffeln den eingelegten vorziehen. Sie müssen hauchdünn gehobelt werden, damit sie ihr Aroma voll entfalten können.

4 Lachskoteletts (je etwa 200 g)
1 TL Salz
frisch gemahlener weißer Pfeffer
3 EL feines Pflanzenöl
Für das Lauchgemüse:
400 g Lauch
50 g Butter
100 ml Gemüse- oder Fischfond (siehe Seite 8)
etwas Trüffelöl, nach Geschmack
1 schwarze Trüffel (15 bis 20 g)
2 EL Crème fraîche
1 EL gehackte Kräuter (Dill, Petersilie)
Salz, frisch gemahlener Pfeffer

Auf dem Holzkohlen-grill bekommt das fette Lachsfleisch ein ganz besonders feines Aroma. Die starke Hitze läßt das Fischeiweiß schnell gerinnen und versiegelt sozusagen die Oberfläche; das Lachskotelett bleibt im Inneren schön saftig.

Außerdem:

Dillzweige zum Garnieren

4 mehlig kochende Kartoffeln, 4 EL Crème fraîche

1. Die Lachskoteletts salzen und pfeffern, mit Öl bepinseln und auf dem vorgeheizten Grill von jeder Seite 5 Minuten grillen.

2. Für das Lauchgemüse den Lauch putzen, waschen, nur die weißen Teile verwenden, weil sie zarter im Geschmack sind, und diese in etwa 5 mm dicke Ringe schneiden. Die Butter zerlassen und den Lauch darin andünsten. Den Fond zugießen, zudecken und 5 Minuten dünsten.

Mit Trüffelöl aromatisieren, dieses dabei jedoch sehr vorsichtig dosieren, weil das Öl, je nach Qualität, sehr kräftig würzt. Die Trüffel in hauchdünne Scheiben schneiden oder hobeln und zugeben. Die Crème fraîche einrühren und die Kräuter einstreuen. Mit Salz und Pfeffer abschmecken, gut durchrühren und warm halten.

3. Die Lachskoteletts mit dem Lauchgemüse anrichten und mit Dill garnieren. Dazu passen in der Schale im Ofen gebackene Kartoffeln gut. Möglichst eine mehlige Sorte verwenden, in ein ausreichend großes Stück Alufolie wickeln und 40 bis 45 Minuten im vorgeheizten Ofen bei 180 °C backen. Auswickeln, kreuzweise einschneiden und mit einem Löffel Crème fraîche servieren.

Natürlich muß es nicht immer Kaviar sein, aber wenn es besonders fein schmecken soll, dann bietet er sich zur Veredelung für ein russisches Gericht geradezu an. Der preiswerte »Sevruga«, der dünnschalig und nicht so schön körnig wie der »Osietra«-Kaviar ist, oder gar der exklusive »Beluga« sind für eine schlichte Frikadelle ideal.

Fischfrikadellen mit Senf-Dill-Sauce

NICHT DAS SCHÖNSTE STÜCK VOM FILET MUSS ES SEIN, ABER TOP-FRISCH.

Die russische Küche kennt eine ganze Reihe sehr simpler Gerichte, die gerade wegen ihrer Einfachheit so überzeugend gut schmecken. Dazu gehören auch die Frikadellen aus Fisch, der nur sehr grob gehackt wird, damit sowohl seine Struktur als auch sein Eigengeschmack erhalten bleiben.

Die Fischstücke in der Küchenmaschine grob zerkleinern und in einer Schüssel mit den restlichen Zutaten für die Frikadellen zu einem geschmeidigen Teig verarbeiten.

Für die Frikadellen:
60 g geputzter Lauch, 10 g Butter
500 g Fischfilet (Kabeljau, Schellfisch, Goldbarsch)
4 Scheiben Toastbrot (70 g)
100 ml Milch
40 g weiße Zwiebel
1/2 Knoblauchzehe
1/2 Bund Dill, 1 Ei
Salz, frisch gemahlener weißer Pfeffer
Für die Senf-Dill-Sauce:
50 g Butter, 2 EL Mehl
1/4 l Milch
1 EL Dijon-Senf
1 TL Zitronensaft
Salz, frisch gemahlener Pfeffer
1 Prise Zucker
1 Eigelb, 1 Bund Dill
Außerdem:
1 EL Semmelbrösel
3 EL Öl, 40 g Butter
1 Gläschen Sevruga-Kaviar (28 g)

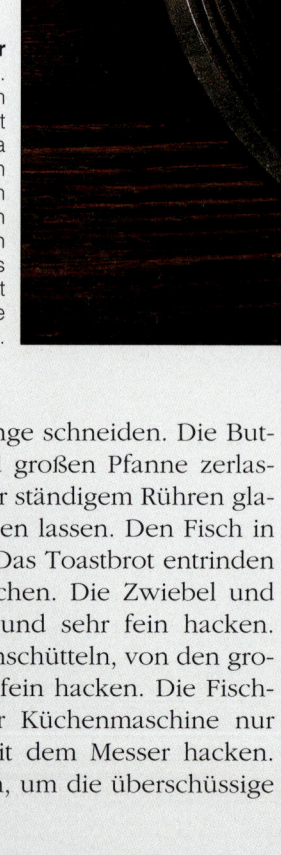

Mit einem Löffel Kaviar werden sie zur Delikatesse. Diese einfachen, lockeren Frikadellen harmonieren mit seinem kräftigen Aroma bestens, und der Kontrast von kaltem Kaviar auf den heißen Fischfrikadellen mit der heißen Senfsauce ist geschmacklich besonders interessant. Als zusätzliche Beilage empfiehlt sich eine in der Schale gekochte Kartoffel.

1. Den Lauch in feine Ringe schneiden. Die Butter in einer entsprechend großen Pfanne zerlassen, den Lauch darin unter ständigem Rühren glasig schwitzen und abkühlen lassen. Den Fisch in grobe Stücke schneiden. Das Toastbrot entrinden und in der Milch einweichen. Die Zwiebel und den Knoblauch schälen und sehr fein hacken. Den Dill waschen, trockenschütteln, von den groben Stielen befreien und fein hacken. Die Fischstücke am besten in der Küchenmaschine nur grob zerkleinern oder mit dem Messer hacken. Das Toastbrot ausdrücken, um die überschüssige Milch zu entfernen.

2. Alle vorbereiteten Zutaten mit dem Ei in eine Schüssel geben, salzen und pfeffern und zu einem Teig verarbeiten, wie gezeigt. Den Teig auf ein entsprechend großes Stück Alufolie geben und zur Rolle formen. Diese in 8 gleich große Stücke schneiden, zu Frikadellen von etwa 2 cm Dicke und 8 bis 9 cm Durchmesser formen und auf ein mit Semmelbröseln bestreutes Brett legen.

3. Für die Sauce die Butter in einem Topf zerlassen. Das Mehl darin anschwitzen, es soll aber keine Farbe annehmen. Die Milch unter ständigem Rühren einlaufen lassen und bei geringer Hitze 5 Minuten kochen. Den Senf einrühren, mit Zitronensaft, Salz, Pfeffer und Zucker abschmecken. Zum Schluß das Eigelb mit 1 bis 2 EL der Sauce verrühren und in die Sauce rühren, sie darf aber nicht mehr sprudelnd kochen. Den Dill waschen, trockenschütteln, von den groben Stielen befreien, fein hacken und dazugeben. Warm stellen.

4. Das Öl und die Butter in einer entsprechend großen Pfanne zerlassen und die Frikadellen bei mittlerer Hitze von jeder Seite knapp 2 Minuten braten. Die Frikadellen mit der kurz aufgemixten Sauce und dem Kaviar anrichten.

Stör am Spieß

FÜR DEN FEINSCHMECKER IST DER STÖR NICHT NUR ALS KAVIARLIEFERANT VON INTERESSE.

In Rußland und im Iran kennt man eine ganze Reihe Rezepte, und das Braten am Spieß gehört rund um das Kaspische Meer zum Küchenalltag. Das feste Fleisch vom Stör ist, wie das vom Schwertfisch, zum Grillen auch besonders gut geeignet. Inzwischen werden die kleineren Arten wegen ihres feinen Fleisches bei uns sehr erfolgreich gezüchtet. Sein Fleisch schmeckt übrigens auch geräuchert ganz vorzüglich.

1 Stör (etwa 1 kg)
1 TL Salz, grobgemahlener schwarzer Pfeffer
Für die Marinade:
1 Lorbeerblatt
je 1 Zweig Rosmarin und Thymian
Schale von 1/2 unbehandelten Zitrone
1 Knoblauchzehe, 1 Zwiebel, 70 ml Pflanzenöl
Für die sautierten Tomaten:
450 g Tomaten, 40 g Zwiebel
1 Knoblauchzehe, 2 EL Pflanzenöl
Salz, frisch gemahlener weißer Pfeffer
1 EL gehackte Kräuter (Thymian, Petersilie, Rosmarin)

Zwiebeln und Lorbeerblätter zwischen den marinierten Stücken vom Stör geben dem Ganzen noch einen kräftigen Geschmack, und die sautierten Tomaten runden es angenehm ab.

Für die Marinade ist auch ein gutes Olivenöl bestens geeignet, weil es mit der Würzung (Knoblauch, Thymian und Rosmarin) sehr gut harmoniert. Das setzt natürlich voraus, daß man den Eigengeschmack des Olivenöls mag.

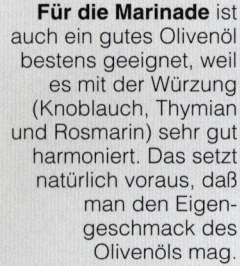

Für die Spieße:
2 kleine Zwiebeln
12 frische Lorbeerblätter
4 Spieße
1 EL gehackte Kräuter (Thymian, Petersilie, Rosmarin)

1. Den Stör vorsichtig häuten, die Mittelgräte und die dunklen Stellen entfernen, denn dieses Fleisch schmeckt manchmal etwas tranig. Das ausgelöste Fleisch unter fließendem kalten Wasser abspülen und in Würfel mit etwa 3 cm Kantenlänge schneiden, in eine Form legen, salzen und pfeffern. Das Lorbeerblatt, den Rosmarin- und den Thymianzweig sowie die Zitronenschale dazwischenlegen. Den Knoblauch schälen und halbieren, die Zwiebel schälen und in Viertel schneiden. Beides in die Form legen. Mit dem Öl begießen und 2 bis 3 Stunden zugedeckt im Kühlschrank marinieren.

2. Für die sautierten Tomaten diese blanchieren, häuten, vierteln, Stielansatz und Samen entfernen und das Fruchtfleisch in Würfelchen schneiden. Die Zwiebel und den Knoblauch schälen und sehr fein würfeln. Das Öl in einer Kasserolle erhitzen, die Zwiebel- und Knoblauchwürfel darin hell anschwitzen und die Tomatenwürfel kurz mitschwenken. Mit Salz, Pfeffer und den gehackten Kräutern abschmecken.

3. Für die Spieße die Zwiebeln schälen und vierteln. Die Fischstücke abwechselnd mit den Lorbeerblättern und allen Zwiebelvierteln (auch jene aus der Marinade) auf Spieße stecken. Diese auf den vorgeheizten Grill legen und in etwa 5 Minuten grillen, dabei immer wieder mit der Marinade bepinseln. Mit Kräutern bestreuen und mit sautierten Tomaten servieren. Dazu paßt Safranreis.

Karpfen in Biersauce

EIN REZEPT AUS DER JÜDISCHEN KÜCHE OSTEUROPAS, DAS MIT GERINGEN ABWANDLUNGEN NICHT NUR IN POLEN ZUBEREITET WIRD.

Es ist auch ein Fischrezept, das von der kräftig schmeckenden Sauce dominiert wird, und dafür ist der relativ fette Karpfen der ideale Begleiter. Es paßt aber auch eine Schleie oder der fette Zuchtlachs. Für den Geschmack der Sauce ist die Bierqualität wichtig: Es soll möglichst malzig-süß sein, also eignet sich am besten ein dunkles Bier, keinesfalls ein bitteres Pils. Für einen kräftigen Saucengeschmack sei noch, wie in diesem Rezept, etwas reduzierter Kalbsfond empfohlen. Er rundet die Sauce geschmacklich hervorragend ab.

1,5 kg Spiegelkarpfen, ausgenommen
Für die Fischbrühe:
50 g Zwiebel, 80 g Lauch
40 g Petersilienwurzel
60 g Stangensellerie, 80 g Möhre
1 Lorbeerblatt, 1/2 TL Salz
einige weiße Pfefferkörner, 1/2 l Wasser
Für die Biersauce:
400 ml Kalbsfond
80 g Zwiebeln
20 g Butter
150 ml Malzbier
1/2 TL Salz, frisch gemahlener Pfeffer
1 Lorbeerblatt
1 Messerspitze gemahlene Nelken
Schale von 1/2 unbehandelten Zitrone
30 g Saucenlebkuchen
40 g Sultaninen
20 g geröstete Mandelstifte
Außerdem:
Blättchen von Zitronenmelisse

1. Die wenigen Schuppen vom Karpfen entfernen. Die Bauchhöhle des Karpfens unter fließendem Wasser gründlich auswaschen. Das Mittelstück in etwa 3 cm dicke Koteletts schneiden. Den Kopf längs spalten und zusammen mit dem Schwanz in eine Schüssel legen und unter fließendem kalten Wasser gründlich abspülen. Abtropfen lassen und in einen entsprechend großen Topf geben.

2. Für die Brühe die Zwiebel, den Lauch, die Petersilienwurzel, den Stangensellerie und die Möhre putzen beziehungsweise schälen und in kleine Stücke schneiden. Mit dem Lorbeerblatt, dem Salz und den Pfefferkörnern zu den Fischkarkassen in den Topf geben. Das kalte Wasser aufgießen, aufkochen und etwa 1 Stunde langsam köcheln lassen. Die Fischbrühe durch ein feines Sieb gießen, etwa 350 ml werden davon benötigt.

3. Für die Biersauce den Kalbsfond in einem kleinen Topf bis auf 100 ml reduzieren. Die Zwiebeln schälen und fein würfeln. Die Butter in einem großen Topf erhitzen und die Zwiebelwürfel darin hell anschwitzen. Mit dem Bier, der Fischbrühe und dem reduzierten Kalbsfond aufgießen. Salz, Pfeffer, Lorbeerblatt, Nelkenpulver und Zitronenschale zufügen und aufkochen lassen.

4. Die Fischstücke in die Sauce legen und im zugedeckten Topf bei geringer Hitze in 15 Minuten garziehen lassen. Den Fisch herausnehmen und in einer Form anrichten. Die Sauce mit dem zerbröckelten Saucenlebkuchen binden und noch etwas einkochen lassen. Die Sultaninen und die Mandelstifte zugeben, nochmals abschmecken. Die Sauce über den Fisch gießen. Mit Zitronenmelisse garnieren und dazu Salzkartoffeln servieren. Als Getränk sollte natürlich Bier, möglichst das gleiche wie in der Sauce, gereicht werden.

Fisch in Senfsauce

EIN SCHLICHTES REZEPT, DAS ABER MIT »FRISCHEN« FISCHEN ZUR DELIKATESSE WIRD.

Für dieses Rezept muß es kein Edelfisch wie Loup de mer oder Seeteufel sein. Ein einfacher Kabeljau oder ein Rotbarsch schmeckt ganz hervorragend zu der pikanten Sauce.

800 g Kabeljaufilets
Salz, frisch gemahlener Pfeffer
Saft von 1/2 Zitrone zum Beträufeln, 50 g Butter
Für die Kartoffeln:
650 g festkochende Kartoffeln, 1 EL Öl, 20 g Butter
Salz, frisch gemahlener Pfeffer
1/8 l Fischfond (siehe Seite 8)
1 Bund Frühlingszwiebeln

Mit einer Senfsauce, die je nach Geschmack scharf oder mild sein kann, wird der Kabeljau schmackhaft zubereitet. Unübertrefflich in der Qualität ist auf jeden Fall der Dijon-Senf.

Für die Senfsauce:
150 g Butter, 100 g Dijon-Senf
2 Eigelbe
150 g Joghurt (3,5 % Fett)
1 Prise Zucker
Salz, frisch gemahlener Pfeffer

Foto: Dorothee Göddert

◀ **Kabeljau** kann ebenso fein sein wie manch teurer Fisch, wenn er nur wirklich topfrisch ist. Bei den Spezialisten für gute Fische, die auch die Gastronomie versorgen, ist man sicher, nur beste Qualität zu bekommen.

1. Die Kartoffeln waschen, schälen und längs vierteln. Das Öl und die Butter in einer entsprechend großen Pfanne erhitzen und die rohen Kartoffelstücke darin in etwa 10 Minuten goldgelb braten. Mit Salz und Pfeffer würzen. Die Hitze reduzieren. Den Fischfond aufgießen, zudecken und die Kartoffeln in etwa 10 Minuten unter gelegentlichem Wenden schmoren.

2. In der Zwischenzeit die Frühlingszwiebeln putzen und waschen. Die grünen Teile in dünne Ringe schneiden und beiseite stellen. Die weißen Teile in etwa 4 cm große Stücke schneiden, zu den Kartoffeln in die Pfanne geben und weitere 5 Minuten schmoren.

3. Die Butter in einer entsprechend großen Kasserolle zerlassen und den Senf und die Eigelbe darin verrühren. Bei geringer Hitze eindicken lassen. Den Joghurt unterrühren. Mit Zucker, Salz und Pfeffer würzen.

4. Die Kabeljaufilets in etwa 5 cm große Stücke schneiden. Salzen, pfeffern und mit Zitronensaft beträufeln. Die Butter in einer Pfanne zerlassen und die Fischstücke darin von jeder Seite 2 Minuten braten.

5. Den Fisch mit den Kartoffeln auf Teller anrichten. Die Kartoffeln mit der Sauce überziehen, mit den Zwiebelringen bestreuen und servieren.

Victoriabarsch in Mandelkruste

EINE DELIKATE VARIANTE DES »GEBACKENEN FISCHFILETS«, WIE ES ALS »FREITAGSESSEN« AUCH IN DEN BINNENLÄNDERN TRADITION HAT.

Gebackenes Fischfilet, sozusagen der Vorgänger des Fischstäbchens, ist ein preiswertes Essen, das oftmals aus Kabeljau, Seelachs oder Goldbarsch zubereitet wurde. Unter der Panade verleugnet der Fisch einigermaßen seinen Eigengeschmack und ist damit auch für »Fischmuffel« akzeptabel. Mit einem Filet vom Victoriabarsch schmeckt ein panierter Fisch erst recht gut. Dieser Süßwasserfisch gehört zur Tilapiafamilie und wird ebenso erfolgreich gezüchtet wie der Petersfisch.

4 Victoriabarschfilets (je 200 g)
Salz, frisch gemahlener Pfeffer
3 EL Öl
50 g Butter
Für die Mandelkruste:
1 Ei, 80 g gemahlene Mandeln mit Schale
80 g Semmelbrösel
Für die Kräutersauce:
20 g Schalotten
5 cl Noilly Prat (trockener Wermutwein)
250 g Crème double, 50 g Joghurt (3,5 % Fett)
2 EL Schnittlauchröllchen
1/2 Bund Kerbel, in Blättchen gezupft

2 EL gehackte Petersilie
1 EL Basilikum, in Streifen geschnitten
Salz, frisch gemahlener Pfeffer
Für den Reis:
50 g Möhre
20 g Butter
150 g Langkornreis
30 g Wildreis
etwa 200 ml Gemüsefond
Salz, frisch gemahlener Pfeffer
50 g Erbsen, ausgepalt

1. Die Fischfilets salzen und pfeffern. In einem Teller das Ei mit einer Gabel verquirlen. In einem zweiten Teller die Mandeln und die Semmelbrösel miteinander vermischen. Die Fischfilets zuerst in dem verquirlten Ei, dann in der Mandel-Semmelbrösel-Mischung wenden. Kühl stellen.

2. Für die Sauce die Schalotten schälen und fein hacken. Den Noilly Prat in einer Kasserolle bis auf 1 EL einkochen. Die Crème double und den Joghurt unterrühren und 2 Minuten köcheln lassen. Die Schalotten und die Kräuter zur Sauce geben. Salzen und pfeffern.

3. Für den Reis die Möhre schälen und fein würfeln. Die Butter in einer Kasserolle zerlassen und die Möhrenwürfel darin anschwitzen. Beide Reissorten zugeben und glasig anschwitzen. Den Fond aufgießen und mit Salz und Pfeffer würzen. Aufkochen lassen, die Hitze reduzieren und etwa 20 Minuten garen, nach Bedarf noch etwas Fond zugießen. Die ausgepalten Erbsen in den letzten 5 Minuten zugeben.

4. Das Öl und die Butter in einer entsprechend großen Pfanne erhitzen und die panierten Fischfilets darin von jeder Seite 3 Minuten braten. Mit dem Reis und der Sauce auf Teller anrichten.

Wenn er wählen kann, entscheidet sich Eckart Witzigmann für den Europäischen Hummer. Leider ist er am Markt rar geworden, und dementsprechend verhält sich auch sein Preis, der beständig steigt.

Gebratener Hummer mit Fenchel und Orangen

EINE »HUMMERIDEE«, WIE SIE ECKART WITZIGMANN IN DER LEGENDÄREN »AUBERGINE« IN MÜNCHEN SERVIERTE.

Hummer mit Fenchel und Orangen ist zwar keine gewöhnliche Geschmackskombination, aber eine höchst interessante, die es lohnt, ausprobiert zu werden. Man sollte sie im Spätsommer – August oder September – zubereiten, wenn die frischen Hummer »gut im Fleisch« sind: also frisch gefangen und nicht durch lange Hälterung in den Bassins der Händler abgemagert.

2 lebendfrische Hummer (je etwa 600 g)
3 Frühlingszwiebeln, 1 kleine Fenchelknolle
80 g Stangensellerie, 1 unbehandelte Orange
1 Knoblauchzehe, 1 kleine rote Chilischote
3 bis 4 EL Olivenöl, Salz, frisch gemahlener Pfeffer
einige Blättchen Pfefferminze
1 cl Grand Marnier, 1 cl Cognac

1. Die Hummer nacheinander kopfüber in sprudelnd kochendes Wasser geben und sofort mit dem Deckel verschließen. Darauf achten, daß das Wasser erneut sprudelnd kocht, bevor der zweite Hummer eingebracht wird. Die Hitze tötet sofort. Herausheben, die Scheren abtrennen und an-

Eine solche Delikatesse kann man auch ganz rustikal in der Pfanne servieren, wenn es nur auf den Hummer ankommt. Dazu paßt ein frischer Sancerre ganz besonders gut.

klopfen. Die Körper längs halbieren, dafür mit einem großen Messer in die Vertiefung zwischen Kopf und Rumpf stechen und den Hummer entlang der Mittelnaht durchtrennen. Magensack und Darm entfernen.

2. Die Frühlingszwiebeln putzen, waschen und in Ringe, den Fenchel in Scheiben schneiden. Den Stangensellerie putzen und in etwa 5 cm lange, dünne Scheiben schneiden. Von der Orange etwa 1 EL Zesten mit einem Zesteur ab-schneiden. Die

Orange der Länge nach halbieren, eine Hälfte file-tieren, die andere entsaften. Die Knoblauchzehe schälen und fein würfeln. Von der Chilischote die Samen und Scheidewände entfernen und das Fruchtfleisch in Ringe schneiden.

3. Das Öl in einer großen, ovalen Pfanne erhitzen und die Hummerhälften darin mit der Schnitt-fläche nach unten langsam braten, dabei die Kar-kasse häufig mit dem heißen Öl beschöpfen. Nach 3 Minuten wenden, salzen, pfeffern und in der Pfanne zur Seite schieben. In der freien Fläche zunächst den Fenchel, dann die Frühlingszwie-beln und den Stangensellerie anschwitzen und zum Schluß den Knoblauch und die Chiliringe mitangehen lassen. Das Gemüse soll knackig blei-ben. Salzen, pfeffern, und die Mischung auf die Hummerhälften verteilen. Die Scheren in die Pfanne geben, unter mehrmaligem Wenden bra-ten und zur Seite schieben. Die Pfefferminze in der Pfanne kurz angehen lassen.

4. Gleichzeitig die Orangenfilets auf dem Gemü-se anrichten und die Pfefferminzblättchen darauf-legen. Den Orangensaft in der Pfanne erhitzen, die Spirituosen darübergießen, flambieren und über die Fleischseiten des Hummers verteilen. Den Hummer mit den Orangenzesten anrichten.

Würzburg. Wo Wein wächst, versteht man auch gut zu kochen. Das trifft auch auf Mainfranken zu.

Zander in Weißweinsauce

EINE EINFACHE, ABER DELIKATE KOMBINATION: FISCH, SPARGEL UND EINE SAUCE MIT FRANKENWEIN.

Natürlich darf es auch ein anderer Weißwein sein, wenn er nur trocken und spritzig ist. Ein Riesling oder Müller Thurgau ist bestens geeignet, und wenn die Sauce mit Fischfond aufgegossen wird, dann ergibt sich die geschmackliche Harmonie mit dem Zander ganz von selbst. Eine interessante Variante ist, den Fischfond durch Kalbsfond zu ersetzen. Das Ergebnis ist eine Weißweinsauce mit deutlichem »Fleischaroma«, die einen angenehmen Kontrast zum Fisch bringt.

Die traditionsreichen Kellereien am Main bergen manche Schätze, seien es die reich geschnitzten Faßböden oder auch manchmal der Inhalt der Fässer.

Klassische Fischküche. Zubereitungen wie bei diesem Zander sind sicherlich nicht neu, aber bis heute unübertroffen in ihrer Einfachheit und ihrem Geschmack.

4 Zanderfilets (je 150 g)
1 TL Salz, frisch gemahlener Pfeffer
Für die Weißweinsauce:
1 kleine Schalotte, 30 g Butter
1 cl Noilly Prat
80 ml Weißwein aus Franken
200 ml Fischfond (siehe Seite 8)
80 ml Sahne, 20 g eiskalte Butter, in Stücken
Salz, frisch gemahlener Pfeffer
1 EL geschlagene Sahne
Außerdem:
gebuttertes Pergamentpapier
200 g grüner Spargel, 50 g Butter
Kerbelblättchen zum Garnieren

1. Für die Sauce die Schalotte schälen und fein würfeln. Die Butter in einer entsprechend großen,

feuerfesten Form zerlassen und die Schalotte dar-in ohne Farbe anziehen lassen. Mit dem Noilly Prat ablöschen und die Flüssigkeit reduzieren. Zuerst den Weißwein, dann den Fischfond zu-gießen und alles um etwa 1/3 reduzieren.

2. Die Fischfilets salzen, pfeffern, in die Form legen und diese mit gebuttertem Pergamentpapier abdecken. Den Fisch bei 180 °C im vorgeheizten Ofen etwa 8 Minuten garen.

3. Den Spargel waschen, die Stielenden ab-schneiden und nur bei Bedarf den unteren Teil der Stangen dünn schälen. Die Stangen mit Kü-chengarn vorsichtig zu einem Bündel zusammen-binden, dabei darauf achten, daß die zarten Spar-gelspitzen nicht beschädigt werden. Das Bündel

in sprudelnd kochendes Salzwasser einlegen und in 10 bis 12 Minuten garen. Herausheben, abtrop-fen lassen. Die Butter in einer Pfanne zerlassen und das Bündel darin schwenken. Das Garn ent-fernen. Den Spargel auf vorgewärmte Teller anrichten, die Fischfilets dazulegen. Warm stellen.

4. Für die Sauce den reduzierten Fond durch ein feines Sieb in eine Stielkasserolle passieren, erhit-zen und, falls nötig, reduzieren. Ein nicht ausrei-chend reduzierter Fond macht die Sauce wäßrig. Die Sahne unterrühren. Die eiskalte Butter in Stückchen mit dem Schneebesen einrühren. Die Sauce mit Salz und Pfeffer würzen. Die geschla-gene Sahne zufügen. Die Sauce mit dem Stabmi-xer schaumig aufmixen, auf die Teller geben und alles mit Kerbelblättchen garnieren.

Felchen mit Steinpilzen

IN BUTTER GEBRATEN, ENTWICKELN DIESE
WEISSFISCHE EIN BEACHTLICHES AROMA.

Alle Mitglieder der Familie der Coregonidae – im
englischen Sprachraum heißen sie »whitefish« –
sind ideale Bratfische und bestens zum Räuchern
und Grillen geeignet. Vor allem auf den Britischen
Inseln und in den skandinavischen Ländern wird
von dieser Garmethode viel Gebrauch gemacht.

**Blaufelchen oder
Renken** heißen sie im
Alpengebiet, und aus
den Seen dieser Regi-
on kommen besonders
wohlschmeckende
Exemplare, eine ent-
sprechende Wasser-
qualität vorausge-
setzt, die heutzutage
auch da nicht mehr
selbstverständlich ist.

4 Felchen (je etwa 250 g)
1 TL Salz, frisch gemahlener Pfeffer
4 Petersilienzweige
Mehl zum Bestauben
2 EL Öl
50 g Butter

**Im Herbst, wenn die
frischen Steinpilze auf
den Markt kommen,** sollte
man die Felchen nach
diesem Rezept zubereiten.
Das Aroma der Pilze, der
frischen Fische und dazu
noch die gebräunte Butter
ergeben eine seltene ge-
schmackliche Harmonie.

Für die Steinpilze:
400 g Steinpilze
30 g Zwiebel
30 g Butter
1/2 TL Salz, frisch gemahlener Pfeffer
1 EL gehackte Petersilie
Außerdem:
30 g trocken geröstete Mandelblättchen

1. In der Regel wird der Fischhändler die Fische
küchenfertig vorbereiten. Ansonsten die Fische
mit einem Küchentuch am Schwanz fassen und
mit einem Messer oder »Fischschupper« in Rich-

tung Kopf schuppen. Das geht bei den Weißfischen mit ihren relativ großen Schuppen recht problemlos. Anschließend die Fische ausnehmen und die Bauchhöhle unter fließendem kalten Wasser ausspülen. Die Felchen mit Küchenpapier sorgfältig abtrocknen.

2. Die Fische salzen und pfeffern und je 1 Petersilienzweig in die Bauchhöhle legen. Mit Mehl bestauben, das überschüssige Mehl abklopfen.

3. Die Steinpilze putzen und in Scheiben schneiden. Die Zwiebel schälen und sehr fein würfeln.

4. Das Öl und die Butter für die Felchen in einer ausreichend großen Pfanne nicht zu stark erhitzen und die Fische darin insgesamt 10 Minuten braten. In der Zwischenzeit in einer zweiten Pfanne für die Pilze die Butter zerlassen und die Zwiebelwürfel glasig anschwitzen. Die Steinpilze zufügen und anbraten. Mit dem Salz und dem Pfeffer würzen und die Petersilie untermischen. Nach etwa 5 Minuten Bratzeit die Fische in der Pfanne wenden und die Steinpilze zugeben. Alles zusammen fertiggaren. Die Felchen mit Mandelblättchen bestreuen und servieren. Mehlige gekochte Kartoffeln passen gut dazu.

Burg Aggstein. Die Donau zwischen Melk und Krems ist ein kulinarisch interessantes Gebiet, nicht zuletzt wegen der Fische und des Weins.

Filets vom Donauwaller auf Wirsingfleckerln

DER RELATIV FETTE FISCH VERTRÄGT SICH BESTENS MIT SPECK UND DEM RUSTIKALEN WIRSING.

Der Waller, wie man den Wels an der Donau nennt, wird meist im Wurzelsud gegart oder im ganzen mit Speck im Ofen gebraten. Kleine Exemplare aber lassen sich gut als Filet kurzbraten. Bei uns werden inzwischen Zuchtwelse angeboten. Das sind Zwergwelse (american catfish), die irgendwann mal aus den USA kamen und inzwischen bei uns sehr erfolgreich gezüchtet werden. Ihr dunkles Fleisch ist von ganz hervorragender Qualität und eignet sich bestens für dieses Rezept.

4 Welsfilets (je 200 g)
1/2 TL Salz, frisch gemahlener Pfeffer
2 EL Mehl
30 g Butter, 1 EL Öl
Für die Wirsingfleckerln:
600 g Wirsing, 80 g Zwiebeln
60 g mild geräucherter durchwachsener Speck
50 g Butter

In Butter gebraten entwickelt das Fleisch vom Wels ein besonders feines Aroma und paßt gut zum Wirsinggemüse, das wiederum vom Speck seinen deftigen Geschmack mitbekommt.

200 ml Gemüse- oder Kalbsfond
1/2 TL Salz, frisch gemahlener Pfeffer
frisch geriebene Muskatnuß
Außerdem:
glatte Petersilie zum Garnieren

1. Für die Fleckerln den Wirsingkopf halbieren, den Strunk herausschneiden und die Blätter in kochendem Salzwasser kurz blanchieren. Je nach Wunsch kann man dafür die deftigen, dunklen äußeren Blätter verwenden oder die hellgrünen aus der Mitte des Wirsingkopfes, die milder im Geschmack sind. Die Blätter mit einer Schaumkelle herausheben, etwas abkühlen lassen und die

harten Rippen herausschneiden. Die Blätter in kleine Quadrate schneiden.

2. Die Zwiebeln schälen und fein würfeln. Den Speck fein würfeln. Die Butter in einem großen Topf zerlassen und darin die Speckwürfel kurz auslassen. Die Zwiebeln zugeben und glasig schwitzen. Die Wirsingfleckerln zugeben und 2 bis 3 Minuten bei starker Hitze unter Rühren anbraten. Den Fond aufgießen, würzen und bei offenem Topf und geringer Hitze langsam garen. Das dauert etwa 10 Minuten, wenn der Wirsing noch etwas Biß haben soll, und 15 bis 20 Minuten, wenn er richtig weich gewünscht wird.

3. Die Fischfilets kurz unter fließendem kalten Wasser abspülen und vorsichtig mit Küchenpapier trockentupfen. Mit Salz und Pfeffer auf beiden Seiten würzen und ganz hauchdünn mit Mehl bestauben. Die Butter mit dem Öl in einer großen Pfanne stark erhitzen und die Fischfilets einlegen. Je nach Stärke der Filets von jeder Seite bei reduzierter Hitze 2 bis 4 Minuten braten.

4. Die Fischfilets mit den Wirsingfleckerln auf Teller anrichten und mit den Petersilienblättern garnieren. Dazu passen Petersilienkartoffeln sehr gut und natürlich ein schöner, trockener Weißer aus der Wachau.

Das Hechtfilet, gut gekühlt und mit Salz und Pfeffer gewürzt, durch die feine Scheibe des Fleischwolfs treiben.

Gratinierte Hechtnockerln

AUF SPINAT, MIT EINER WEISSWEINSAUCE GRATINIERT, SCHMECKEN DIE NOCKERLN BESONDERS FEIN.

Eine solch delikate Fischfarce gehört zum Standardrepertoire der »Haute Cuisine«. In Österreich liebt man sie mit dem Fleisch vom Hecht.

Für die Hechtnockerln:
400 g Hechtfilet, gut gekühlt, in Stücke geschnitten
400 ml flüssige Sahne, gekühlt
Salz, frisch gemahlener weißer Pfeffer
50 ml leicht geschlagene Sahne, gekühlt
Für die Weißweinsauce:
1 Schalotte
100 ml Weißwein
2 EL Noilly Prat
400 ml Fischfond (siehe Seite 8)
1/4 l Sahne
20 g Butter, in Stücken
Salz, Cayennepfeffer
etwas Zitronensaft
Für den Spinat:
500 g frischer Spinat, 30 g Butter
1 TL Salz, frisch gemahlener Pfeffer

Die Hechtfarce zubereiten, wie in der Bildfolge beschrieben. Für die Sauce die Schalotte schälen und in Scheiben schneiden. Mit dem Weißwein und dem Noilly Prat in einen Topf geben und aufkochen. Den Fischfond zugießen und auf 1/3 reduzieren. Die Sahne zugeben und so lange köcheln, bis die Sauce sämig ist und die gewünschte Konsistenz hat. Durch ein feines Sieb gießen. Den Spinat verlesen, mehrmals waschen und die dicken Stiele entfernen. Kurz in reichlich kochendem Salzwasser zusammenfallen lassen, sofort abgießen, auskühlen lassen, gut ausdrücken und die Blätter locker auseinanderzupfen. Die Hechtnockerln fertigstellen, wie gezeigt. Die Butter in einem Topf zerlassen, den Spinat zugeben, salzen und pfeffern, erhitzen und einige Male wenden. In Portionspfännchen verteilen. Die Hechtklößchen mit einem Schaumlöffel herausheben, gut abtropfen lassen und auf den Spinat setzen. Die Sauce erwärmen, die Butterstücke einrühren und mit dem Stabmixer kurz aufmixen, würzen und über die Klößchen verteilen. Unter dem vorgeheizten Grill kurz gratinieren.

Das Hechtfleisch in eine entsprechend große Schüssel geben, auf Eis setzen und mit der Hälfte der flüssigen Sahne gut verrühren.

Die Masse portionsweise in der Küchenmaschine pürieren, aber nur so lange wie unbedingt nötig, damit sie sich nicht erwärmt.

Mit einem Metallspatel die Masse durch ein feinmaschiges Sieb streichen. Dabei werden eventuelle Grätenreste vollständig entfernt.

Die restliche flüssige Sahne unterrühren, bis die Farce schön glatt ist. Mit Salz und Pfeffer würzen. Die leicht geschlagene Sahne unterziehen.

Mit 2 Löffeln, die im kalten Wasser angefeuchtet werden, ovale Nocken aus der Farce formen und in Salzwasser 8 bis 10 Minuten garziehen lassen.

Den Spinat in gebutterte Portionspfännchen verteilen, je 2 Hechtnockerln daraufsetzen, mit Sauce übergießen und unter dem Grill gratinieren.

Forellen aus dem Wildbach – frischer geht's nicht mehr, und besser kann eine Forelle gar nicht schmecken, als wenn sie noch am selben Tag zubereitet wird.

Forellenfilets in Salbeibutter

FORELLE, FRISCH GEFANGEN, MIT FRISCHER BUTTER UND JUNGEN SALBEIBLÄTTERN – EINE KULINARISCH INTERESSANTE KOMBINATION.

Ein sehr einfaches Gericht, das erst dann so ganz besonders gut schmeckt, wenn sich das Aroma der gebräunten Butter mit den Salbeiblättern und jenes des stark eingekochten Fonds, der aus dem »Abfall« (Kopf und Gräten) der Forellen zubereitet wurde, vermischt.

4 Bachforellen (je 350 bis 400 g), ausgenommen
Salz, frisch gemahlener Pfeffer
Für den Fischfond:
30 g Butter, 2 Schalotten, 80 g Lauch, nur das Weiße
50 g Petersilienwurzel, 30 g Stangensellerie
150 ml Weißwein, 1/2 l kaltes Wasser, 1 Lorbeerblatt
1 Petersilienzweig, 5 weiße Pfefferkörner
Außerdem:
80 g Butter, 16 Salbeiblätter

1. Die ausgenommenen Forellen unter fließendem kalten Wasser innen und außen gut waschen und mit Küchenpapier trockentupfen. Den Kopf,

Bachforellen sind qualitativ höher einzustufen als die Regenbogenforelle. Doch auch frische Regenbogenforellen schmecken fein, wenn sie aus sauberem Wasser kommen.

Neue Kartoffeln, in Salzwasser gegart und mit gehackter Petersilie bestreut, passen sehr gut als Beilage.

Schwanz und Flossen abschneiden. Mit einem scharfen Messer am Rückgrat entlang einschneiden und die Filets vorsichtig von den Gräten abheben. Kleine Gräten mit einer Pinzette entfernen. Mit der Hautseite nach unten auf ein Küchenbrett legen. Mit dem Messer zwischen Haut und Fleisch ansetzen und die Filets in einem Zug ablösen. Die Filets bis zur Weiterverarbeitung in den Kühlschrank stellen.

2. Für den Fischfond Kopf und Gräten (Karkassen) grob zerkleinern, in eine Schüssel geben, unter fließendes Wasser stellen und gründlich spülen. Die Karkassen sorgfältig in einem Sieb abtropfen lassen. Die Butter in einem Topf zerlassen und die Karkassen langsam unter Wenden in 3 bis 4 Minuten anziehen lassen, ohne daß sie Farbe

nehmen. Das Gemüse putzen, grob zerkleinern und zu den Karkassen geben. Den Weißwein aufgießen und, wenn alles zu köcheln beginnt, das Wasser zufügen. Das Lorbeerblatt, den Petersilienzweig und die Pfefferkörner zugeben. Aufkochen und mit einem Schaumlöffel abschäumen. 20 bis 30 Minuten köcheln lassen, dann abseihen. Den Fond auf etwa 100 ml reduzieren.

3. Die Filets salzen und pfeffern. Die Butter in einer großen Pfanne zerlassen und die Filets darin von jeder Seite etwa 1 Minute braten. Herausheben und auf vorgewärmte Teller anrichten. Die Salbeiblätter in die verbliebene Butter geben und kurz darin schwenken. Den reduzierten Fond aufgießen, einmal aufkochen lassen, abschmecken und über die gebratenen Filets verteilen.

Gefüllte Seezungenröllchen mit Rieslingsauce

EIN REZEPT DER ALTEN SCHULE, ABER ES SCHMECKT TROTZDEM »ZEITLOS FEIN«.

Ein »Sonntagsessen«, das auch einige Mühe macht, aber eben auch entsprechend gut schmeckt. Die zarte Lachsfarce harmoniert mit den Filets der edlen Seezungen aufs beste, und die Rieslingsauce rundet das Ganze aromatisch hervorragend ab. Die kleine Ratatouille ist dazu zwar eine ungewöhnliche Beilage, aber gerade deshalb geschmacklich interessant.

400 g Seezungenfilets, Salz, frisch gemahlener Pfeffer
200 ml Fischfond (siehe Seite 8), 1 EL Öl
Für die Farce:
200 g Lachsfilet, 1 Ei, Salz, frisch gemahlener Pfeffer
25 g weiche Butter, 1/8 l kalte Sahne
20 g schwarze Trüffel
Für die Rieslingsauce:
20 g Schalotte, 50 ml Weißwein (Riesling)
1 cl Noilly Prat, 200 ml Fischfond (siehe Seite 8)
1/8 l Sahne, Salz, Cayennepfeffer
einige Tropfen Zitronensaft
1 Eigelb, 10 g Butter, in Stücken
Für die Ratatouille:
80 g Zwiebeln, 1 Knoblauchzehe
150 g Zucchini, 100 g Tomaten
120 g gelbe Paprikaschoten, 150 g Aubergine

Kleine Stückchen schwarze Trüffel machen die Lachsfarce noch etwas edler und schöner. Aber es läßt sich getrost darauf verzichten, die Röllchen schmecken auch »ohne« höchst delikat.

Die Lachsfarce in einen Spritzbeutel mit Lochtülle Nr. 12 füllen und auf die Filets spritzen.

Jedes Filet eng aufrollen, die Füllung darf aber nicht austreten. Mit Küchengarn zusammenbinden.

2 EL Olivenöl, 100 ml Fischfond (siehe Seite 8)
Salz, frisch gemahlener Pfeffer
1 EL gehackte Kräuter (Basilikum, Thymian, Petersilie)

1. Für die Farce das Lachsfilet klein schneiden. Das Ei untermischen, salzen, pfeffern, zudecken und gut durchkühlen lassen. Auf einmal im Mixer pürieren. Die Masse durch ein Sieb streichen, erneut kalt stellen. Butter und Sahne nach und nach unterrühren. Abschmecken. Die Trüffel klein würfeln, unter die Farce mischen. Kühl stellen.

2. Für die Sauce die Schalotte schälen, fein würfeln und in eine Kasserolle geben. Den Wein und

den Noilly Prat zugießen und aufkochen. Den Fond zugießen und um 1/3 reduzieren. Die Sahne einrühren und bei niedriger Hitze zu einer cremigen Konsistenz kochen. Mit Salz, Cayennepfeffer und Zitronensaft abschmecken. Das Eigelb mit etwas heißer Sauce verrühren und mit den Butterstücken in die Sauce rühren. Warm halten. Kurz vor dem Servieren mit dem Stabmixer aufmixen.

3. Für die Ratatouille Zwiebeln und Knoblauch schälen und fein würfeln. Die Zucchini putzen. Die Tomaten häuten, Stielansatz und Samen entfernen. Von den Paprikaschoten Samen und Scheidewände, von der

Aubergine den Stielansatz entfernen. Das Gemüse klein würfeln. Das Öl erhitzen, Zwiebeln und Knoblauch darin anschwitzen. Das Gemüse zugeben, die Hitze reduzieren und den Fond angießen. Alles in 6 bis 7 Minuten garen. Mit Salz, Pfeffer und Kräutern würzen, warm stellen.

4. Die Fischfilets salzen und pfeffern. Weiterverfahren, wie gezeigt. Den Fond mit dem Öl aufkochen, die Hitze verringern. Die Seezungenröllchen hineinsetzen, zudecken und 5 bis 7 Minuten pochieren, der Fond darf keinesfalls kochen. Herausheben, das Garn entfernen. Mit der Sauce und der Ratatouille anrichten, mit Basilikum belegen.

Gebratene Egli
mit Gemüsenudeln

KLEIN, ABER FEIN, SIND DIE EGLI (BARSCHE) AUS
DEN SCHWEIZER GEWÄSSERN.

8 Egli (je etwa 100 g)
Salz, frisch gemahlener Pfeffer, 100 ml Weißwein
Für den Nudelteig:
150 g Mehl, 1 Ei, 1 Eigelb
1 TL Olivenöl, Salz, etwas Wasser, nach Bedarf
Für das Gemüse:
20 g Schalotten, 120 g Zucchini
100 g Tomaten, gehäutet, 10 g schwarze Trüffel
2 EL Pflanzenöl, Salz, frisch gemahlener Pfeffer
1 EL gehackte Kräuter (Petersilie, Thymian)
Für den Weinteig:
100 ml Weißwein, 25 g Mehl, 1 Ei
Außerdem:
20 g Mehl zum Wenden, 1 EL Öl, 50 g Butter

Die Fische am Schwanzende festhalten und die Flossen abschneiden. Mit einem Fischschupper oder einem Messer die Schuppen in Richtung Kopf abschaben. Die Bauchhöhle mit einem spitzen Messer von der Afteröffnung zum Kopf hin vorsichtig aufschneiden. Die Eingeweide herausziehen, die Fische waschen und mit Küchenpapier abtrocknen. Die Köpfe abtrennen. Die Egli innen und außen salzen und pfeffern. In eine Schüssel legen, mit dem Wein beträufeln, zudecken und 1 Stunde im Kühlschrank marinieren. Für den Nudelteig das Mehl auf die Arbeitsfläche sieben und in die Mitte eine Mulde drücken. Das Ei, Eigelb, Öl und Salz in die Mulde geben. Mit einer Gabel oder einem Löffel zunächst in der Mulde verrühren. Dann wenig Mehl vom Innenrand mit unterrühren. In kreisenden Bewegungen immer mehr Mehl vom Rand mit hineinnehmen, bis in der Mitte ein dickflüssiger Teig entsteht. Mit beiden Händen zu einem glatten Teig verarbeiten. Bei Bedarf etwas Wasser zugeben. In Folie einschlagen und 1 Stunde ruhen lassen. Den Teig mit der Nudelmaschine in mehreren Durchgängen bis zur gewünschten Stärke ausrollen, dabei die Walzen immer enger stellen. Mit dem entsprechenden Vorsatz in Tagliatelle schneiden. Die Nudeln auf ein Tuch legen und kurz trocknen lassen. Die Schalotten schälen und fein hacken. Die Zucchini putzen und längs in dünne Streifen schneiden, diese dann längs halbieren. Das Fruchtfleisch der Tomaten würfeln. Die Trüffel in dünne Scheiben schneiden. In einer Pfanne das Öl erhitzen und die Schalottenwürfel darin hell anschwitzen. Die Zucchinistreifen kurz mitbraten, anschließend die Tomatenwürfel und die Trüffelscheiben kurz mitschwitzen. Salzen und pfeffern, die Kräuter einstreuen. Die Nudeln in sprudelnd kochendem Salzwasser al dente kochen, abseihen, kalt abschrecken, zum Gemüse in die Pfanne schütten und durchschwenken. Den Wein mit dem Mehl und dem Ei in einer Schüssel gut verquirlen. Weiterverfahren, wie in der Bildfolge gezeigt. Die gebratenen Fische mit den Nudeln auf Teller anrichten. Mit etwas Butter aus der Pfanne beträufeln und servieren.

Die Fische aus der Marinade heben, abtropfen lassen, in Mehl wenden und durch die Mehl-Wein-Ei-Mischung ziehen.

In einer Pfanne das Öl und die Butter erhitzen und die Egli darin 2 Minuten von jeder Seite knusprig braten.

Risotto mit Fisch und Muscheln

REIS UND FISCH WERDEN IN DEN KÜCHEN ALLER KONTINENTE KOMBINIERT.

In Europa hat neben Spanien die italienische Küche die größte Erfahrung im »Reiskochen«, und mit Fisch verstehen die Italiener sowieso gut umzugehen. Risotto-Spezialisten streiten allenfalls über die Konsistenz, ob er mehr oder weniger flüssig sein soll und ob der Fisch im Risotto gegart werden soll. Bei diesem Rezept wird er zum Schluß untergemischt.

Welcher Fisch und welche Muscheln in den Risotto kommen, bleibt jedem selbst überlassen oder wird vom aktuellen Angebot am Markt bestimmt. Es muß jedenfalls kein besonders edler Fisch sein. Ganz im Gegenteil, die preiswerteren Sorten wie Knurrhahn, Makrele oder Seeaal tun dem Risotto sehr gut, weil sie kräftiger im Aroma sind.

Für den Risotto:
50 g Zwiebel, 1 Knoblauchzehe
40 g Möhre, 30 g Stangensellerie, 150 g Tomaten
50 g Butter, 300 g Arborio-Reis
150 ml Weißwein
etwa 800 ml Fischfond (siehe Seite 8)
Salz, frisch gemahlener Pfeffer

Für die Fisch-Meeresfrüchte-Mischung:
50 g Zwiebel, 40 g Möhre
30 g Stangensellerie, 100 g Tomaten
2 EL Olivenöl, 1 Lorbeerblatt
1 Stück Zitronenschale
Salz, frisch gemahlener Pfeffer
1/8 l trockener Weißwein, 400 g Venusmuscheln
500 g Filets vom Seeaal oder Brassen
1 Knurrhahn, ausgenommen (etwa 300 g)
Außerdem:
1 EL gehackte glatte Petersilie

Nicht jede Reissorte eignet sich gleich gut für einen feinen Risotto. Mit einem italienischen Arborio oder Vialone liegt man aber sicher nicht falsch.

1. Die Zwiebel und den Knoblauch schälen und sehr fein hacken. Die Möhre schälen, den Stangensellerie putzen und beides sehr fein würfeln. Die Tomaten blanchieren, häuten, halbieren,

Stielansatz und Samen entfernen und das Frucht-fleisch würfeln.

2. Die Butter in einem Topf erhitzen und die Zwiebel und den Knoblauch darin ohne Farbe anschwitzen. Möhren-, Stangensellerie- und To-matenwürfel kurz mitschwitzen. Den Reis auf ein-mal zugeben und bei starker Hitze unter soforti-gem Rühren anrösten. Ständig in Bewegung halten, bis der Reis glasig ist. Mit dem Wein ablö-schen und fast gänzlich einkochen lassen. Den Fischfond nach und nach zugießen, salzen und pfeffern und in etwa 15 Minuten fertigkochen.

3. Die Zwiebel schälen und fein würfeln. Die Möhre schälen, den Stangensellerie putzen und beides fein würfeln. Die Tomaten häuten, halbie-ren und das Fruchtfleisch würfeln.

4. Das Öl in einer Kasserolle erhitzen, die Zwie-belwürfel darin anschwitzen, die Gemüsewürfel kurz mitschwitzen. Lorbeerblatt und Zitronen-schale zugeben, salzen und pfeffern. Mit dem Wein ablöschen. Die Muscheln gründlich wa-schen, geöffnete Exemplare entfernen. Die Fisch-filets in mundgerechte Stücke schneiden. Vom Knurrhahn den Kopf, den Schwanz und die Flos-sen abschneiden, den Fisch in 2 cm breite Stücke schneiden. Die Muscheln und den Fisch zum Ge-müse geben, garziehen lassen. Lorbeerblatt und Zitronenschale entfernen. Die Mischung unter den Risotto heben. Mit Petersilie bestreuen.

Knoblauch gehört vor allem in der süd-italienischen Küche in jeden Fischtopf. Mal mehr, mal weniger – aber immer nur so viel, daß das Aroma der Meeresfrüchte noch dominiert.

Muscheltopf

EINE GUTE MISCHUNG AUS FRISCHEN MUSCHELN, KLEINEN TINTENFISCHEN UND GEMÜSE.

So oder ähnlich werden Muscheln nicht nur in Italien zubereitet. Entlang der Küste des Mittelmeeres, von Spanien bis in die Türkei, findet man solche Gerichte, in denen reichlich frisches Gemüse mit Muscheln kombiniert wird, mit einem Schuß Weißwein der Region. Die Muschelauswahl kann dabei beliebig variiert oder durch Schnecken ergänzt werden. Sehr fein schmecken in dieser Mischung die würzigen »calamareti« aus der Adria, die zuweilen auch bei uns angeboten werden. Diese kleinen Tintenfische brauchen nur abgespült zu werden und kommen ganz in die Pfanne.

500 g kleine Venusmuscheln
500 g Schwertmuscheln
500 g Teppichmuscheln
500 g Herzmuscheln
400 g Calamareti
2 EL Olivenöl
Für das Gemüse:
500 g Tomaten
100 g Zwiebeln
2 Knoblauchzehen
100 g Möhren
100 g Stangensellerie
10 g milde grüne Peperoni
1 Chilischote
2 EL Olivenöl
1/8 l Weißwein (trockener Vernaccia)
1/4 l Fischfond (siehe Seite 8)
1 Petersilienzweig
1 TL Salz
frisch gemahlener Pfeffer
Außerdem:
1 EL gehackte Petersilie

1. Die Muscheln unter fließendem kalten Wasser sorgfältig abbürsten. Geöffnete Exemplare wegwerfen, da sie verdorben sein könnten. Die Calamareti gründlich abspülen und auf Küchenpapier abtropfen lassen.

2. Für das Gemüse die Tomaten blanchieren, häuten, vierteln, Stielansatz und Samen entfernen und das Fruchtfleisch in Würfel schneiden. Die Zwiebeln schälen und in Ringe schneiden. Die Knoblauchzehen schälen und fein hacken. Die Möhren und den Stangensellerie schälen beziehungsweise putzen und in Scheiben schneiden. Die Peperoni und die Chilischote halbieren, Samen und Scheidewände entfernen und die Peperoni in feine Streifen schneiden.

3. Das Öl in einem entsprechend großen Topf erhitzen und die Zwiebelringe und die Knoblauchwürfel darin glasig anschwitzen. Die Möhren- und Selleriescheiben kurz mitdünsten, die Peperonistreifen und die halbierten Chilischoten zugeben. Den Wein und den Fond angießen. Den Petersilienzweig einlegen, salzen und pfeffern. Alles 5 Minuten köcheln lassen.

4. Das Öl in einer Pfanne erhitzen und die Calamareti darin kurz anbraten. Herausnehmen und warm halten.

5. Die Muscheln in den Gemüsesud legen, zudecken und etwa 5 Minuten kochen. In der letzten Minute die gebratenen Calamareti zugeben. Erneut abschmecken, mit gehackter Petersilie bestreuen und servieren.

Wolfsbarsch mit Radicchiosauce

»BRANZINO« HEISST DER WOLFSBARSCH IN ITALIEN.
GEHANDELT WIRD ER ABER MEIST UNTER SEINEM
FRANZÖSISCHEN NAMEN »LOUP DE MER« ODER »BAR«.

Eine ungewöhnliche Zusammenstellung, die mit
dem pikanten, leicht bitteren Geschmack der Sauce einerseits und dem knusprig fritierten Radicchio sowie dem saftigen Fisch andererseits geschmacklich überzeugt.

2 Wolfsbarsche, ausgenommen (je 750 g)
je 4 Zweige Dill, Petersilie und Thymian
4 Blättchen vom Stangensellerie
Salz, frisch gemahlener Pfeffer, Pflanzenöl zum Braten
Für die Radicchiosauce:
150 g Radicchio di Treviso
40 g Lauch (nur das Weiße), 20 g Butter
2 cl Cognac, 200 ml Fischfond (siehe Seite 8)
50 ml Weißwein, 10 grüne Pfefferkörner, 1/2 TL Salz
Für die fritierten Radicchiostreifen:
50 g Radicchio di Treviso, 1 TL Mehl
Pflanzenöl zum Fritieren

1. Die Wolfsbarsche schuppen. Innen und außen
unter fließendem kalten Wasser waschen und
abtrocknen. Je 2 Zweige Dill, Petersilie, Thymian

**In Italien liebt man
den »branzino« kroß
gebraten** – egal, ob
nur die Filets oder der
ganze Fisch gebraten
wird. Wenn er sorgfältig
geschuppt wurde, dann
kann man die knusprig
gebratene, dünne Haut
durchaus mitessen.

und je 2 Sellerieblättchen in die Bauchhöhle einlegen. Salzen, pfeffern. Die Fische kühl stellen.

2. Für die Sauce das Gemüse putzen. Den Radicchio in Streifen und den Lauch in feine Ringe schneiden. Die Butter in einer Kasserolle erhitzen und die Lauchringe darin etwa 5 Minuten andünsten. Den Radicchio zugeben und weitere 3 Minuten dünsten. Mit dem Cognac übergießen, flambieren und dabei die Kasserolle schwenken, bis die Flammen verloschen sind. Den Fond und den Wein aufgießen. Die Pfefferkörner zugeben und salzen. Alles zum Kochen bringen und bei reduzierter Hitze im geschlossenen Topf in etwa 15 Minuten weich schmoren. Im Mixer pürieren, bei Bedarf mit Fond verdünnen. Abschmecken und warm stellen.

3. Für die fritierten Radicchiostreifen den Radicchio in 1/2 cm breite Streifen schneiden. Zusammen mit dem Mehl in einen Gefrierbeutel geben und schütteln, bis die Radicchiostreifen mit dem Mehl bestaubt sind. In ein großes Sieb geben, um das überschüssige Mehl zu entfernen. Das Öl in einem hohen Topf erhitzen und die Radicchiostreifen darin portionsweise fritieren – Achtung, Spritzgefahr! –, bis sie gerade anfangen, braun zu werden. Mit einem Schaumlöffel herausheben und auf Küchenpapier abtropfen lassen.

4. Für die Fische Öl in einer Pfanne erhitzen und die Wolfsbarsche von jeder Seite in etwa 5 Minuten knusprig braten. Die Fische filetieren oder längs halbieren und auf Teller anrichten. Mit den Radicchiostreifen und der Sauce servieren.

Die Zucchinichips möglichst kurz vor dem Servieren zubereiten, damit sie schön knusprig auf den Teller kommen. Sie schmecken übrigens auch als Snack zu einem Glas Wein ganz hervorragend.

Gebratener Seeteufel mit Zucchinisauce

ZU DIESER DELIKATEN GEMÜSESAUCE SCHMECKEN NATÜRLICH AUCH SCHEIBEN VOM WOLFSBARSCH ODER EIN SCHLICHTES KABELJAUFILET.

Das feste Fleisch vom Seeteufel hat aber seinen ganz besonderen Reiz – es erinnert ein bißchen an Hummer oder Languste, und die knusprigen Zucchinichips sind ein interessanter Kontrast.

4 Seeteufelscheiben (je etwa 180 g)
Salz, frisch gemahlener Pfeffer
2 EL Öl
30 g Butter
Für die Zucchinisauce:
80 g Zwiebeln
60 g Stangensellerie
300 g Zucchini
1 rote Chilischote
1 EL Olivenöl
100 ml Wasser
1 EL Weißweinessig
15 g Butter
1 TL Mehl
1/2 TL edelsüßes Paprikapulver
Salz, frisch gemahlener Pfeffer
150 ml Milch
Für die Zucchinichips:
300 g Zucchini
40 g Mehl
Salz, frisch gemahlener Pfeffer
Öl zum Fritieren
Außerdem:
Petersilienblättchen zum Garnieren

1. Für die Sauce die Zwiebeln schälen und in Würfel schneiden. Den Stangensellerie putzen, waschen und würfeln. Die Zucchini putzen und ebenfalls würfeln. Die Chilischote längs halbieren, die Samen entfernen und das Fruchtfleisch fein hacken. Das Öl in einer Kasserolle erhitzen und die Zwiebel- und Selleriewürfel darin hell anschwitzen. Die Zucchini- und Chiliwürfel etwa 5 Minuten mitdünsten. Das Wasser und den Essig zugießen, zudecken und etwa 5 Minuten bei geringer Hitze köcheln lassen. Mit dem Mixstab fein pürieren. Mit einer Gabel die Butter mit dem Mehl vermischen und in das Zucchinipüree rühren. Mit Paprikapulver, Salz und Pfeffer würzen. Die Milch in die Sauce einrühren und bei mittlerer Hitze unter ständigem Rühren etwa 8 Minuten köcheln lassen. Die Sauce warm stellen.

2. Für die Zucchinichips die Zucchini waschen, putzen und in 1 mm dicke Scheiben schneiden. Mehl, Salz und Pfeffer in einem Frischhaltebeutel vermischen und die Zucchinischeiben darin wälzen. In ein Sieb geben und das überschüssige Mehl abklopfen. Das Öl in einer großen Pfanne erhitzen und die Zucchinischeiben darin portionsweise goldgelb fritieren. Herausnehmen und auf Küchenpapier abtropfen lassen.

3. Von den Seeteufelscheiben die Haut so gut wie möglich entfernen, denn sie wird beim Braten hart und stört beim Essen. Die Scheiben salzen und pfeffern. Das Öl und die Butter in einer Pfanne erhitzen und die Scheiben darin 3 bis 4 Minuten von jeder Seite braten. Den Fisch mit den Zucchinichips und der Sauce auf Teller anrichten. Mit Petersilienblättchen garnieren.

Vollreife, süße Tomaten
sind die Basis einer jeden
frischen Tomatensauce.
Außerhalb der Saison kann
man auf die geschälten,
ganzen Tomaten aus der
Konserve zurückgreifen.

Filet vom Petersfisch mit Tomatensauce

GANZ NACH ITALIENISCHER ART, MIT EINER DELIKATEN
TOMATENSAUCE UND DEM AROMA DER KAPERN.

Dazu noch gebratene Scampischwänze. Ein relativ schnelles Essen, das aber vollkommen von der
Frische seiner Zutaten abhängt.

4 Filets vom Petersfisch (Saint-Pierre, je 140 g)
Salz, frisch gemahlener Pfeffer
4 Scampi
2 EL Öl, 20 g Butter
Für die Sauce:
50 g Zwiebel
30 g Stangensellerie
1/2 Bund Petersilie
2 EL Olivenöl
Salz, frisch gemahlener Pfeffer
2 Gewürznelken
1/4 l passierte Tomaten
Für das Gemüse:
200 g Zucchini
1 EL Olivenöl
Salz, frisch gemahlener Pfeffer
Außerdem:
1 TL Thymianblättchen
20 g feingehackte gesalzene Kapern

Der »pesce San Pietro«,
gehört zum Feinsten, was
die europäischen Gewässer
zu bieten haben. Sein
festes, weißes und wohl-
schmeckendes Fleisch
schmeckt gedünstet oder
gebraten am besten, und
mit den würzenden Zutaten
muß man sehr vorsichtig
umgehen. In Italien versteht
man sich darauf sehr gut.

1. Die Petersfischfilets salzen und pfeffern. Die
Scampischwänze vom Kopfteil abdrehen, mit
einem scharfen Messer längs halbieren und den
Darm entfernen.

2. Für die Sauce die Zwiebel schälen. Den Stangensellerie putzen. Die Petersilie waschen und
trockenschütteln. Alles fein hacken. Das Öl in

einer Pfanne erhitzen und die Zwiebelwürfel darin glasig schwitzen. Sellerie und Petersilie etwa
5 Minuten mitschwitzen. Salzen, pfeffern und mit
den Gewürznelken aromatisieren. Die passierten
Tomaten unter Rühren zugeben und 10 Minuten
köcheln lassen.

3. Die Zucchini von Stiel- und Blütenansatz
befreien, längs in dünne Streifen schneiden und
diese längs halbieren. Das Öl in einer Pfanne
erhitzen und die Zucchinistreifen kurz von beiden
Seiten braten. Salzen und pfeffern.

4. Das Öl und die Butter in einer Pfanne erhitzen
und die gewürzten Petersfischfilets darin von
jeder Seite etwa 1 Minute braten. Die Scampischwänze mit der Schnittfläche nach unten in die
Pfanne zu den Petersfischfilets geben und etwa
1 Minute mitbraten.

5. Die Petersfischfilets mit den Scampi, der Sauce
und den gebratenen Zucchini auf Teller anrichten. Die Zucchinischeiben mit den Thymianblättchen bestreuen, die Fischfilets mit den gehackten
Kapern garnieren.

Kapernernte ist mühevolle Handarbeit. Die noch ungeöffneten Blütenknospen der Kapernsträucher werden mit der Hand von den Stengeln geerntet.

Costolette di tonno

DER THUNFISCH GEHÖRT ZUR SIZILIANISCHEN FISCHKÜCHE WIE DAS FEINE OLIVENÖL UND DAS UNVERGLEICHLICHE AROMA DER KAPERN.

Gebraten oder, noch besser, auf Holzkohle gegrillt, schmeckt der frische Thunfisch besonders fein, und die Sizilianer sind wahre Meister in der Zubereitung dieses Fisches. Die Methode ist denkbar einfach, denn es sind nur ganz wenige Zutaten nötig, aber die sollten von bester Qualität sein, und alle sind auf der Insel heimisch: Olivenöl, Zitronen, Knoblauch und Kräuter. Einzig die Kapern kommen meist von den Liparischen Inseln im Tyrrhenischen Meer.

1 kg Thunfisch, in Scheiben
1 TL Salz, frischer grobgemahlener Pfeffer
Olivenöl zum Bepinseln
Für die Marinade:
5 Knoblauchzehen
200 ml Weißwein
je 1 Zweig Rosmarin und Thymian, gehackt
Für die Semmelbrösel:
1 EL Olivenöl, 30 g Semmelbrösel

Tonno nostrano, Thunfisch aus eigenem Fang, ist für die Sizilianer eine Art von Qualitätsgarantie.

Für die Kapern-Zitronen-Mischung:
1 EL Olivenöl
Saft von 1/2 Zitrone
1 EL gesalzene Kapern, gehackt
Salz
frisch gemahlener Pfeffer

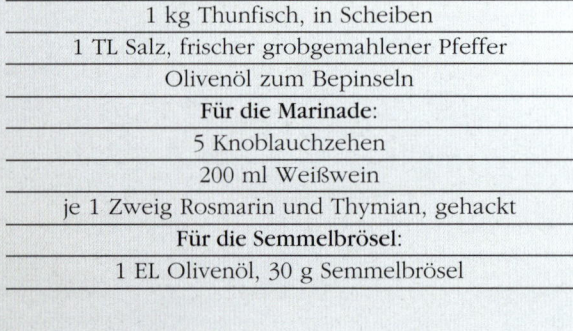

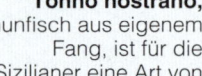

1. Für die Marinade den Knoblauch schälen und fein hacken. Mit dem Wein, dem gehackten Rosmarin und Thymian vermischen und in eine flache Form gießen. Die Thunfischscheiben salzen und pfeffern, in der Marinade wenden, mit einer Frischhaltefolie zudecken und etwa 1 Stunde im Kühlschrank marinieren.

2. Den Thunfisch aus der Marinade nehmen und trockentupfen. Die Scheiben mit Öl bepinseln und auf den vorgeheizten Grill legen. Den Thunfisch auf beiden Seiten 15 bis 20 Minuten grillen, dabei immer wieder mit der Marinade bepinseln.

3. Für die Semmelbrösel das Öl in einer entsprechend großen Pfanne erhitzen und die Brösel darin unter Rühren goldgelb braten.

4. In einer kleinen Schüssel 1 EL Olivenöl mit dem Zitronensaft, den gehackten Kapern, Salz und Pfeffer verrühren.

5. Den gegrillten Thunfisch auf Teller anrichten und mit den gebräunten Semmelbröseln bestreuen. Mit der Kapern-Zitronen-Mischung bestreichen und servieren. Einen frischen Salat der Saison dazu reichen.

Rochenflügel in Minestrone mit Pesto

EIN INTERESSANTER KONTRAST: DIE KROSS GEBRATENEN FISCHSTÜCKE IN DER GEMÜSEMISCHUNG.

Rezepte für eine Minestrone gibt es viele, und so können auch die Zutaten dafür durchaus variieren. Was eben gerade an Gemüse frisch vorhanden ist, kann in die Suppe. Auch dünne Nudeln oder Reis können dabei sein.

800 g Rochenflügel, Salz, frisch gemahlener Pfeffer
Mehl zum Bestauben, 3 EL Pflanzenöl
Für die Minestrone:
4 kleine Artischocken, Saft von 1/2 Zitrone
50 g magerer luftgetrockneter durchwachsener Speck

Mit einem stabilen, scharfen Messer die Haut entlang der hohen Seite, wo »Flügel« und Körper verwachsen waren, einschneiden, das Filet ablösen.

Das Messer flach entlang dem knorpeligen Skelett führen und das Filet Schnitt für Schnitt lösen, bis hin zum äußeren Knorpelrand abziehen.

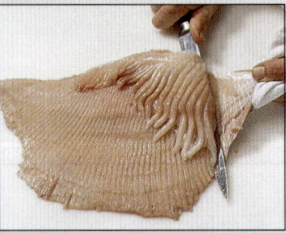

Die Filets flach hinlegen. An einer Stelle die Haut etwas lösen und mit einem Tuch gut festhalten. Das Filet mit einem langen Messer von der Haut lösen.

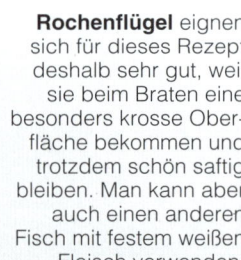

Rochenflügel eignen sich für dieses Rezept deshalb sehr gut, weil sie beim Braten eine besonders krosse Oberfläche bekommen und trotzdem schön saftig bleiben. Man kann aber auch einen anderen Fisch mit festem weißen Fleisch verwenden.

50 g Zwiebel, gehackt
80 g Lauch, 50 g Möhre
50 g Knollensellerie, 100 g Wirsing
100 g Zucchini, 100 g Kartoffeln
150 g Tomaten, gehäutet, 1 EL Olivenöl
1 TL Tomatenmark, 1 l Fleischbrühe
80 g vorgekochte Borlotti-Bohnen
Für den Pesto:
80 g Basilikum, 60 g Pinienkerne
3 Knoblauchzehen
Salz, 60 g Parmesan, 100 ml Olivenöl

1. Den Stiel der Artischocken direkt unter dem Blütenansatz abbrechen. Die kleinen,

harten Blätter rund um den Stielansatz abzupfen. Die Artischocken in Salzwasser mit dem Zitronensaft 10 Minuten kochen. Im Sud belassen.

2. Den Speck fein würfeln. Das Gemüse putzen oder schälen. Den Lauch in Ringe, die Möhre und den Sellerie in dünne Stifte, den Wirsing in 1,5 cm große Quadrate, die Zucchini in Scheiben und die Kartoffeln in Würfel schneiden. Das Fruchtfleisch der Tomaten in große Stücke schneiden.

3. Das Öl erhitzen und den Speck darin anbraten. Nacheinander das Gemüse mitdünsten. Das Tomatenmark unterrühren. Die Brühe aufgießen,

die Kartoffeln zugeben und 15 Minuten köcheln. Die Tomatenwürfel und die Bohnen zugeben, abschmecken, noch 2 Minuten köcheln.

4. Für den Pesto alle Zutaten im Mixer zu einer feinen Paste verarbeiten. Die Artischocken aus dem Sud heben, abtropfen lassen, vierteln und zur Minestrone geben.

5. Die Fischfilets salzen, pfeffern, hauchdünn mit Mehl von beiden Seiten bestauben, überschüssiges Mehl abklopfen. Das Öl erhitzen, die Filets darin von jeder Seite 2 bis 3 Minuten braten. In die Minestrone legen, Pesto separat dazu reichen.

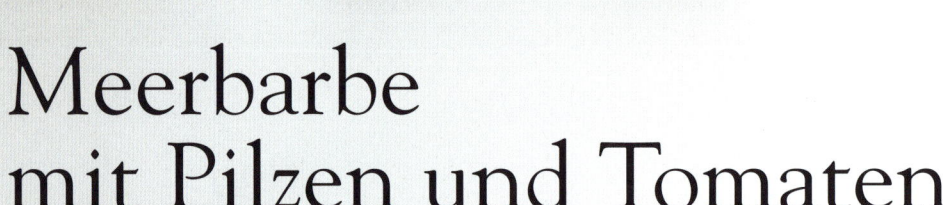

Meerbarbe mit Pilzen und Tomaten

EIN BELIEBTES HAUPTGERICHT, WENN FRISCHE PILZE UND
REIFE TOMATEN AUF DEM MARKT ZU BEKOMMEN SIND.

Die beiden Meerbarben werden in Italien als »triglia« angeboten. Die größere Streifenbarbe meist als »triglia di scoglio« oder »barbone di scoglio« und die seltenere Rotbarbe als »triglia di fango«. Ihr zartes, delikates Fleisch ist für eine so schonende Zubereitung wie in diesem Rezept geradezu ideal.

8 Rote Meerbarben (je 150 g)
Salz, frisch gemahlener Pfeffer
etwas Mehl zum Bestauben
4 EL Pflanzenöl
Für die Pilze-Tomaten-Mischung:
300 g Tomaten
60 g Zwiebel
1 Knoblauchzehe
500 g Pio-pini-Pilze
30 g Butter
Salz, frisch gemahlener Pfeffer
1 Spritzer Zitronensaft
Außerdem:
1 EL gehackte Petersilie

1. Die Meerbarben jeweils mit einem Tuch am Schwanzende fassen und die Flossen mit einer Schere in Richtung Kopf abschneiden. Die Schuppen mit einem großen Messer oder einem speziellen Fischschupper in Richtung Kopf schuppen. Die Fische ausnehmen. Innen und außen unter fließendem kalten Wasser waschen und mit Küchenpapier sorgfältig abtrocknen. Salzen, pfeffern und mit Mehl bestauben.

2. Für die Pilze-Tomaten-Mischung die Tomaten blanchieren, häuten, vierteln, Stielansatz und Samen entfernen und das Fruchtfleisch in Würfel schneiden. Die Zwiebel und den Knoblauch schälen und sehr fein hacken. Die Pilze putzen und die Stiele etwas kürzen. Die Butter in einer Pfanne zerlassen und die Zwiebel- und Knoblauchwürfel darin goldgelb schwitzen. Die Pilze zugeben und 2 Minuten durchschwenken. Die Tomatenwürfel unterheben, salzen, pfeffern, mit Zitronensaft abschmecken und weitere 2 Minuten dünsten lassen.

3. Das Öl in einer entsprechend großen Pfanne erhitzen und die Meerbarben von jeder Seite etwa 2 Minuten braten. Auf 4 Teller anrichten und mit der Pilze-Tomaten-Mischung servieren. Mit Petersilie bestreuen.

Die frischen Kräuter geben der Füllung den »letzten Pfiff«. Dazu gehört auch, daß sie kurz gewaschen, trockengeschleudert und anschließend fein gehackt werden.

Sardinen mit Kräuterfüllung

SARDE RIPIENE WERDEN SIE IN ITALIEN GENANNT. DIESE SARDINEN GIBT ES MIT SEHR UNTERSCHIEDLICHEN FÜLLUNGEN IM GANZEN LAND.

Und auch wenn das Füllen etwas Arbeit macht, die Mühe lohnt sich. Man findet dieses Gericht von Venedig bis Sizilien, und das Basisrezept ist immer weitgehend gleich, allein die Kräutermischung variiert ständig. So verwendet man in Ligurien Basilikum »pur«, in Venetien hingegen werden Petersilie und Rosmarin gemischt, und in Kampanien bevorzugt man eine Kombination, die geschmacklich vom Oregano dominiert wird. »Sarde ripiene« werden häufig als Vorspeise gereicht (maximal 3 Stück pro Portion), aber sie können auch als vollwertiger Fischgang (5 bis 6 Stück pro Portion) serviert werden.

Viele Köche verderben den Brei. Auf die Schüler des Istituto Professionale di Stato per i Servizi Alberghieri e della Ristorazione in Finale Ligure trifft das Sprichwort mit Sicherheit nicht zu, denn sie haben für die Sardinen eine höchst schmackhafte Füllung parat. Dazu gibt es noch einen feinen Salat.

500 g frische Sardinen
Für die Füllung:
80 g geriebenes Weißbrot, ohne Rinde
50 g geriebener Parmesan
2 feingehackte Knoblauchzehen
1 EL feingehacktes Basilikum
1/2 EL feingehackter Oregano
1/2 TL Salz
frisch gemahlener weißer Pfeffer
Olivenöl

1. Von den frischen Sardinen die Köpfe mit zwei Fingern abdrehen – wer möchte, kann mit einem Messer etwas nachhelfen – und dabei gleich die Eingeweide mitherausziehen. Die Sardinen auf der Bauchseite aufschneiden, aufklappen und unter fließendem kalten Wasser gründlich wa-schen. Gut abtropfen lassen und mit Küchenpapier trockentupfen.

2. Für die Füllung das Weißbrot mit dem Parme-san, den feingehackten Knoblauchzehen und den Kräutern gut vermischen. Salzen und pfeffern. Diese Mischung mit wenig Olivenöl zu einer rela-tiv festen, formbaren Masse verrühren.

3. Die Hälfte der Sardinen aufgeklappt auf die Arbeitsfläche legen (Innenseite nach oben) und die Füllung gleichmäßig darauf verteilen. Jede Sardine mit einer zweiten (diesmal Innenseite nach unten) belegen. Nebeneinander auf ein leicht gefettetes Blech legen und bei 180 °C im vorgeheizten Ofen 10 bis 12 Minuten braten. So-fort anrichten, mit einem frischen Salat servieren.

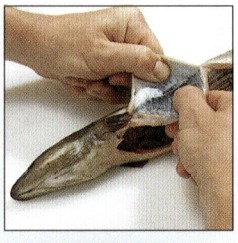

Den ausgenommenen Aal häuten. Dafür ein Stück Haut seitlich hinter dem Kopf lösen. Mit dem Daumen der rechten Hand unter die Haut fahren und diese bis zur anderen Seite lösen. Mit diesem »Griff« die Haut zunächst nach vorn über den Kopf wegziehen. Das lose Hautende mit einem Tuch festhalten und nun nach hinten über den Schwanz abziehen. Die Flossen in Richtung Kopf mit einer Schere abschneiden.

Marinierter Aal in Tomatensauce

RUND UM DIE LAGUNE VON COMACCHIO AN DER ADRIA WIRD DER AAL AM BESTEN ZUBEREITET.

Das behaupten jedenfalls die Leute von Comacchio, und das folgende Rezept stammt aus dieser Region, in der die fetten Aale gefangen werden. Ideal ist dafür ein Aal von etwa 1 kg, denn dann hat er die richtige Stärke und Länge und kann in 12 Stücke geteilt werden; 3 Stück pro Portion. Bei dünneren Aalen muß die Garzeit etwas reduziert werden.

1 Aal (etwa 1 kg)
Für die Marinade:
80 g Zwiebeln, 2 Knoblauchzehen, 60 g Möhre
30 g Petersilienwurzel, 2 Lorbeerblätter
2 TL frische Thymianblätter, 1 kleiner Zweig Rosmarin
1/2 TL Salz, 1 TL weiße Pfefferkörner
2 kleine Peperoni, längs halbiert, ohne Samen
1/4 l Rotwein (Merlot)
Für die Tomatensauce:
7 EL Olivenöl, 1 EL Mehl
1/8 l Fischfond (siehe Seite 8) oder Wasser
2 EL Tomatenpüree, 250 g Tomaten
1 EL gehackte Petersilie, 1 TL gehackter Thymian
Salz, frisch gemahlener Pfeffer

Zum Marinieren der Aalstücke ist ein Merlot aus dem Veneto höchst empfehlenswert oder ein Cabernet/Breganze. Jedenfalls sollte man bei der Weinqualität keine Kompromisse machen, zumal er die wesentliche Würzung des Gerichts ist.

1. Am einfachsten ist es, wenn man den Aal gleich enthäutet kauft. Ansonsten häuten, wie oben links gezeigt. Mühsam ist dies allemal. Den Aal in 12 Stücke von 3 bis 4 cm Länge schneiden.

2. Zwiebeln und Knoblauch schälen und in Scheibchen, Möhre und Petersilienwurzel in Stücke schneiden. Mit den Aalstücken, Kräutern, Gewürzen und Peperoni in ein Gefäß schichten. Mit dem Wein übergießen, mit Folie abdecken und im Kühlschrank 3 bis 4 Stunden marinieren lassen. Dabei die Aalstücke einmal wenden, damit die Marinade gleichmäßig einwirken kann.

3. Die Aalstücke aus der Marinade nehmen und auf Küchenpapier ablaufen lassen. Den Rotwein abseihen. 3 EL Öl erhitzen und darin das zurück-behaltene Gemüse mit den Gewürzen und Kräutern bei starker Hitze anbraten. Den Wein wieder zugießen und auf die Hälfte reduzieren. Durch ein feines Sieb gießen und die Flüssigkeit zum Aufgießen der Sauce beiseite stellen.

4. Die Aalstücke trockentupfen und dünn mit Mehl bestauben. Das restliche Öl erhitzen, die Aalstücke darin bei starker Hitze rundum kräftig anbraten. Den Fond aufgießen, das Tomaten-püree unterrühren und den abgeseihten Rotwein zugießen. Bei geringer Hitze 15 Minuten köcheln lassen. Die Tomaten häuten, das Fruchtfleisch würfeln und zum Aal geben. Mit Petersilie und Thymian bestreuen, nochmals 10 Minuten schmo-ren lassen, bis die Aalstücke ganz weich sind. Abschmecken. Nudeln oder Polenta passen dazu.

Fritierte Sardellen und Tintenfische

»FRITTO MISTO« – FRISCH AUS DEM MEER – UND MIT EINER DELIKATEN TOMATENSAUCE SERVIERT.

Frische Sardellen und kleine Tintenfische eignen sich für diese Garmethode besonders gut. Das können Kalmare, Sepia oder auch Kraken (Octopusse) sein, nur klein müssen sie sein, damit sie unter der Teighülle schnell gar werden. Sie gibt es bei uns nicht alle Tage, und deshalb sollte man zugreifen, wenn sie frisch im Fachgeschäft angeboten werden. Das trifft auch für die Sardellen zu, die im Binnenland noch bis vor kurzem nur als gesalzene Konserve mit dem typisch strengen Geschmack bekannt waren. Davon haben auch die frischen Sardellen etwas, doch gerade aufgrund dieses intensiven Geschmacks sind sie zum Fritieren besonders geeignet.

400 g kleine Tintenfische, küchenfertig
500 g Sardellen, Salz, frisch gemahlener Pfeffer
Für die Tomatensauce:
400 g Tomaten, gehäutet, 20 g Schalotte
1/2 Knoblauchzehe, 1 Bund Basilikum
2 EL Olivenöl, Salz, frisch gemahlener Pfeffer
Außerdem:
80 g Mehl, 2 Eier, Fett zum Ausbacken, Basilikum

1. Für die Sauce von den Tomaten Stielansatz und Samen entfernen und das Fruchtfleisch würfeln. Schalotte und Knoblauchzehe schälen und fein würfeln. Das Basilikum waschen, trockentupfen und in feine Streifen schneiden. Das Öl erhitzen und Schalotten und Knoblauch darin hell anschwitzen. Die Tomaten 3 Minuten mitdünsten. Salzen, pfeffern, die Basilikumstreifen zugeben.

2. Die Tintenfische waschen, die kleinen Beutel von innen ausspülen und die Haut abziehen. Die Fangarme knapp über den Augen so vom Kopf abschneiden, daß sie durch einen kleinen Ring verbunden bleiben. Die Arme von unten greifen und die Kauwerkzeuge mit dem Zeigefinger herauslösen. Das transparente Fischbein entfernen. Die Beutel in Ringe schneiden. Die Sardellen ausnehmen, unter kaltem Wasser waschen und zum Trocknen auf Küchenpapier legen. Sardellen und Tintenfische leicht salzen und pfeffern.

3. Das Mehl auf einen flachen Teller sieben. Die Eier in einem tiefen Teller verquirlen. Die Sardellen, die Tintenfischringe und die Fangarme in dem Mehl wenden und durch die Eier ziehen.

4. Das Fett auf 180 °C erhitzen und die Sardellen und die Tintenfischringe portionsweise darin fritieren. Herausnehmen, gut abtropfen lassen, mit der Sauce servieren und mit Basilikum garnieren.

Gut kombiniert sind die fritierten Sardellen mit ihrem intensiven Geschmack und der weichen Textur mit den Tintenfischen, die wenig Eigengeschmack, dafür aber viel »Biß« mitbringen. Zu diesem Gericht bedarf es nicht unbedingt einer Beilage, aber ein Stück frisches, knuspriges Weißbrot und ein Glas Weißwein runden das Ganze perfekt ab.

Fisch in Papierhülle

SO VERPACKT, BLEIBT DER »PESCE AL CARTOCCIO«
SAFTIG. ZITRONEN UNTERSTÜTZEN DAS AROMA.

Portionsfische von 400 g sind ideal für diese Garmethode. Es sollen weißfleischige Fische sein wie
der Loup de mer oder die kleinen Seehechte. Am
besten aber lassen sich die unterschiedlichen

**Das Aroma frischer
Zitronen** und der
strenge Geschmack
der Kapern sind
eine Kombination,
die für die Küche
der Mittelmeerländer
typisch ist.

Unter der Papierhülle
vor der starken Strah -
lungshitze geschützt,
bewahren die Fische
ihren Eigengeschmack.

Brassen (Doraden, Sackbrassen) oder Snapper
mit dieser Methode garen. Durch ihre flache Form
werden sie relativ schnell und gleichmäßig gar.

4 Doraden (je etwa 400 g, ausgenommen)
4 EL Olivenöl
Salz
frisch gemahlener weißer Pfeffer
4 Zweige Petersilie
4 Zweige Thymian
12 Fenchelsamen
40 g Kapernfrüchte, gehackt
2 unbehandelte Zitronen
20 g gesalzene Kapern
Außerdem:
Pergamentpapier zum Einwickeln

1. Die Doraden mit einem Tuch am Schwanz festhalten und die Flossen in Richtung Kopf abschneiden. Mit einem Fischschupper die Schuppen ebenfalls in Richtung Kopf abschaben. Die Doraden innen und außen unter fließendem kalten Wasser gründlich waschen und mit Küchenpapier trockentupfen. Innen und außen großzügig mit Olivenöl einreiben, mit Salz und Pfeffer würzen. In die Bauchhöhlen je 1 Zweig Petersilie und Thymian legen. Die Fenchelsamen und die gehackten Kapernfrüchte gleichmäßig in die Bauchhöhlen der Fische verteilen. Die unbehandelten Zitronen schälen, dabei möglichst sorgfältig die weiße Innenhaut abziehen, die Früchte in 3 mm dicke Scheiben schneiden und je 2 Scheiben in die Bauchhöhlen legen.

2. Das Pergamentpapier in 4 entsprechend große Stücke schneiden und in Wasser einweichen. Die Fische darauflegen und mit den restlichen Zitronenscheiben und den Kapern belegen. Die Fische in das Papier einschlagen und dieses an den Enden gut zusammenkneifen.

3. Den Holzkohlengrill anheizen. Die eingeschlagenen Fische auf den Grill legen, dabei beachten, daß genügend Abstand zwischen Grillrost und Glut ist, damit das Papier nicht brennt, und die Fische von beiden Seiten je etwa 10 Minuten garen. Steht kein Grill zur Verfügung, können die Fische auch bei 190 °C im vorgeheizten Ofen in 15 bis 20 Minuten gegart werden, ohne daß sie gewendet werden müssen.

Fischeintopf aus Kalabrien

DIE REZEPTE DER REGIONALEN FISCHEINTÖPFE SIND SEHR VARIABEL, WEIL DAS MARKTANGEBOT DIE ZUTATEN BESTIMMT.

Zumindest was den Fisch betrifft, sind sich die Eintöpfe an der ganzen Mittelmeerküste ähnlich, weil dafür nicht die Filets der edlen Fische verwendet werden, sondern die »Suppenfische«, die preiswert, aber kräftig im Geschmack sind. Dazu gehören der furchterregende Drachenkopf (Vorsicht, seine Stacheln könnten giftig sein), kleine Brassen, Seeaal, Knurrhahn, aber auch der Bonito oder die weniger edlen Teile aller anderen Sorten.

1 kg Fisch (Thunfisch, Makrele, Drachenkopf, Seeaal)
80 g Zwiebeln
1 Knoblauchzehe, 40 g Petersilienwurzel
50 g Stangensellerie, 100 g Möhren, 150 g Lauch
100 g Zucchini, 300 g Tomaten, 1 rote Chilischote
300 g Herzmuscheln, 300 g Teppichmuscheln
3 EL Olivenöl, 1,2 l Fischfond (siehe Seite 8)
1 EL gehackte Petersilie, 1 TL Thymianblättchen

1. Die Fische unter fließendem kalten Wasser waschen, die Filets auslösen und in Stücke schneiden. Von den Karkassen (Kopf, Gräten) kann ein Fond gekocht werden, wie auf Seite 8 gezeigt. Die Zwiebeln und den Knoblauch schälen und sehr fein hacken. Die Petersilienwurzel schälen und fein würfeln. Den Stangensellerie putzen und in feine Scheiben schneiden. Die Möhren schälen und in Scheiben schneiden. Den Lauch putzen, waschen und in dünne Ringe schneiden. Die Zucchini vom Stielansatz befreien und in Scheiben schneiden. Die Tomaten blanchieren, häuten, vierteln, von Stielansatz und Samen befreien und das Fruchtfleisch in Würfel schneiden. Die Chilischote in Ringe schneiden, die Samen entfernen. Die Muscheln unter fließendem kalten Wasser waschen und abtropfen lassen. Geöffnete Exemplare verwerfen, sie könnten verdorben sein.

2. Das Olivenöl in einem Topf erhitzen und die Zwiebel- und Knoblauchwürfel darin hell angehen lassen. Die Petersilienwurzel, den Stangensellerie, die Möhre und den Lauch kurz mitangehen lassen. Den Fond aufgießen und 15 Minuten köcheln lassen. Die Zucchini, Tomaten und Chili untermischen und weitere 5 Minuten köcheln lassen. Die Muscheln zugeben. Sobald sie sich geöffnet haben, die Fischstücke behutsam einlegen und garziehen lassen, das dauert 2 bis 3 Minuten. Geschlossene Muscheln zur Sicherheit wegwerfen. Die Petersilie und die Thymianblättchen einstreuen und nochmals abschmecken.

Frisch vom Boot einkaufen bleibt natürlich nur den Küstenbewohnern vorbehalten. Aber gut gekühlt, mit den modernen Verkehrsmitteln befördert, kommen die Produkte auch im Binnenland in guter Qualität auf den Markt.

Die Fangarme des Kalmars fassen und aus dem Körperbeutel herausziehen. Die Arme knapp über den Augen so vom Kopf abschneiden, daß sie durch einen schmalen Ring verbunden bleiben.

Calamari-Risotto

DURCH DIE TINTE ALLEIN HAT DER RISOTTO SCHON EIN GEWISSES »MEERAROMA«, DIE TINTENFISCHE ERGÄNZEN ES NOCH.

Das folgende Rezept ist übrigens nicht nur mit Kalmaren, sondern auch mit Sepia oder Octopus, den anderen Tintenfischen, zu machen. Den großen Octopus mit seinem festen Fleisch muß man allerdings vorkochen oder so mürbe schlagen (siehe Seite 134), daß er während der Risotto-Garzeit auch wirklich weich wird.

600 g Kalmare	
Für den Risotto:	
80 g Zwiebeln	
1 Knoblauchzehe	

Die Arme von unten greifen und mit dem Zeigefinger die Kauwerkzeuge herauslösen. Das transparente Fischbein entfernen.

Die Flossen mit einem Handgriff vom Körper ziehen. Dabei darauf achten, daß der Körper nicht beschädigt wird.

Die kurz aufgebrühten Fangarme im ganzen belassen und den Körper in 1 cm breite Ringe schneiden.

Käse über einem Fischrisotto ist geschmacklich höchst umstritten, denn das scharfe, säuerliche Käsearoma ist nicht jedermanns Sache in Kombination mit Fisch. Im Zweifelsfall ausprobieren, bevor man sich festlegt.

80 g Butter
300 g Arborio-Reis
150 ml Rotwein (San Giovese)
20 g Sepiatinte, mit etwas Fischfond verrührt
etwa 1 l Fischfond (siehe Seite 8)
1 TL Salz
Außerdem:
Petersilie zum Garnieren
40 g geriebener Parmesan

Für den Risotto die Zwiebeln und den Knoblauch schälen und fein hacken. 50 g Butter in einem großen Topf zerlassen und die Zwiebel- und Knoblauchwürfel darin ohne Farbe angehen lassen. Den Reis dazuschütten und bei starker Hitze unter ständigem Rühren glasig anschwitzen. Mit dem Rotwein ablöschen und etwas einkochen lassen. Die angerührte Sepiatinte unter den Reis mischen. Etwa 1/3 des Fischfonds zugießen und, nachdem er fast vom Reis aufgenommen wurde, ein weiteres Drittel zugießen. In der Zwischenzeit die Kalmare waschen, fest mit einer Hand anfassen und mit der anderen die Haut abziehen. Weiterverfahren, wie in der Bildfolge links gezeigt. Die Fangarme und die Körperringe zum Reis geben. In den weitergequollenen Reis den restlichen Fond gießen, salzen und bei mittlerer Hitze den Risotto fertiggaren. Sollte er noch nicht weich

genug und die Flüssigkeit aufgebraucht sein, noch etwas Fischfond oder Wasser zugießen. Abschmecken. Die restliche Butter unter den Risotto mischen. Mit Petersilie garnieren. Den Parmesan separat dazu reichen.

**Auf Felsen wild wach-
sende Muscheln** sind
zwar kleiner als die
gezüchteten und nicht
für jeden erreichbar,
aber sie schmecken
besonders fein.

Muscheln, Fisch und Wirsing

EINE DEFTIGE KOMBINATION, WIE SIE AN DER ADRIAKÜSTE ZUM KÜCHENALLTAG GEHÖRT.

Dafür werden zwar meist preiswerte Fische wie Seeaal oder Knurrhahn verwendet, aber mit einem Seeteufel (Lotte) schmeckt das Ganze natürlich noch etwas feiner. Statt Miesmuscheln sind auch Venusmuscheln für dieses Rezept geeignet.

600 g Lotte oder Knurrhahn, ohne Haut
1 kg Miesmuscheln
80 g Zwiebeln
1/2 Knoblauchzehe
60 g luftgetrockneter durchwachsener Speck
400 g Wirsing
300 g festkochende Kartoffeln
250 g Tomaten
2 EL Öl
400 ml Fischfond (siehe Seite 8)
1 TL Salz
frisch gemahlener Pfeffer
Außerdem:
1 EL gehackte Petersilie
1 EL gehacktes Basilikum

1. Den Fisch in Stücke schneiden. Die Muscheln unter fließendem kalten Wasser gründlich abbürsten, um Sand- und Kalkreste zu entfernen. Den Bart mit den Fingern abziehen. Geöffnete Exemplare verwerfen, da sie verdorben sein könnten.

2. Die Zwiebeln und die Knoblauchzehe schälen und in feine Würfel schneiden. Den Speck ebenfalls fein würfeln. Den Wirsingkopf halbieren und den Strunk herausschneiden. Die Blätter sorgfältig waschen und gut abtropfen lassen. Die dicken Rippen herausschneiden und die Blätter in 1,5 cm breite Streifen schneiden. Die Kartoffeln schälen und in Würfel mit 2 cm Kantenlänge schneiden. Die Tomaten blanchieren, häuten, vierteln, Stielansatz und Samen entfernen und das Fruchtfleisch würfeln.

3. Das Öl in einem Topf erhitzen und die Zwiebel- und Knoblauchwürfel darin glasig anschwitzen. Den Speck kurz mitbraten. Die Wirsingstreifen darin angehen lassen und bei geringer Hitze 10 Minuten dünsten, dabei etwas Fischfond angießen. Die Kartoffelwürfel zugeben, den restlichen Fond aufgießen, mit Salz und Pfeffer würzen, den Topf mit einem Deckel schließen und alles 20 Minuten garen lassen. Die Tomaten- und Fischstücke sowie die Miesmuscheln untermischen und im geschlossenen Topf in etwa 8 Minuten garen, bis sich die Muscheln geöffnet haben. Geschlossene Exemplare zur Sicherheit wegwerfen, da sie verdorben sein könnten. Mit Petersilie und Basilikum bestreuen.

Fogosch mit ungarischem Gemüse

DIESER FISCH AUS DER BARSCHFAMILIE HEISST BEI UNS ZANDER ODER SCHILL. IN UNGARN IST DER FOGOSCH HÄUFIG AUF DER SPEISEKARTE ZU FINDEN.

Sein feines, weißes Fleisch ist auch entsprechend begehrt und kommt geschmacklich fast an den viel kleineren Flußbarsch heran, er kann auch ebenso zubereitet werden. Ganz schlicht in Butter gebraten, schmeckt er vorzüglich; aber auch kräftig mit Paprika gewürzt, bleibt sein Eigengeschmack weitestgehend erhalten.

Mit edelsüßem Paprika
und viel saurer Sahne – das ist die traditionelle Küche aus dem Kaiserreich. Deftig und aromatisch, und dazu passen die frischen Gemüsepaprika und die Champignons bestens.

Beim Gewürzpaprika
steht in Ungarn Qualität an erster Stelle. Das heißt, Paprika sollte möglichst frisch gemahlen verwendet werden. Das Pulver muß frisch riechen und sich feucht anfühlen, also kein überlagertes Pulver verwenden.

4 Zanderfilets (je etwa 150 g), 1 TL Salz, Pfeffer
Für das Gemüse:
80 g Zwiebeln, 400 g weiße Champignons
je 200 g rote und grüne Paprikaschoten
50 g Butter, 2 EL edelsüßes Paprikapulver
600 ml Fischfond (siehe Seite 8)
Salz, frisch gemahlener Pfeffer
200 ml saure Sahne
15 g Mehl, 2 EL gehackte Petersilie
Außerdem:
Butter für die Form

1. Für das Gemüse die Zwiebeln schälen und fein würfeln. Die Champignons putzen und vierteln.

Die Paprikaschoten halbieren, die Samen und Scheidewände entfernen und das Fruchtfleisch in etwa 1/2 cm große Würfel schneiden.

2. Die Butter in einem Topf zerlassen und die Zwiebeln darin glasig anschwitzen. Die Paprikawürfel mitdünsten. Das Paprikapulver darüberstreuen, kurz durchrühren, es darf aber nicht anbrennen. Den Fischfond aufgießen, leicht salzen und pfeffern und 5 Minuten dünsten. Die Pilze zugeben und weitere 5 Minuten dünsten.

3. Die saure Sahne mit dem Mehl glattrühren und unter ständigem Rühren der Sauce beigeben, ein-

mal aufkochen lassen. Die Petersilie einstreuen, die Sauce nachwürzen und so lange köcheln, bis eine sämige Sauce entstanden ist.

4. Eine ausreichend große, feuerfeste Form – Fisch und Gemüse müssen darin genügend Platz haben – mit Butter ausfetten und die Fischfilets locker hineinlegen. Salzen und pfeffern. Das Gemüse gleichmäßig über die Filets verteilen. Die Form bei 180 °C in den vorgeheizten Ofen schieben und alles in 8 Minuten garen.

Ob Spiegel- oder Schuppenkarpfen, diese Fische gehören in Ungarn zu den beliebtesten Zuchtfischen. Im Herbst, nach dem Abfischen der Teiche, ist die Auswahl groß. Mit den Karpfen werden meist auch Schleien angeboten, die ebenfalls ein feines Pörkölt abgeben.

Karpfenpörkölt

ALS PÖRKÖLT MIT VIEL PAPRIKA SCHMECKT DER RELATIV FETTE KARPFEN BESONDERS GUT.

Pörkölt, das ist in Ungarn das, was man bei uns als Gulasch kennt – also Fleisch oder Fisch mit Zwiebeln, viel Paprika und einer »kurzen Sauce«. Das ungarische Gulasch (gulyás) mit der »langen Sauce« kennt man bei uns als Gulaschsuppe.

1 Spiegelkarpfen (etwa 2,4 kg)
Salz, frisch gemahlener Pfeffer
Für die Fischbrühe:
1 Knoblauchzehe, 1 Zwiebel, 1 Tomate
1/2 Fenchelknolle mit Grün
1/2 Stange Lauch (nur das Weiße), 1 Zweig Thymian
1 Stengel Petersilie, 1 Lorbeerblatt, 1/2 TL Kümmel
Für das Pörkölt:
4 reife, feste Tomaten, 1 rote Paprikaschote
30 g Butter, 100 g Zwiebeln, in Würfel geschnitten
1 gehäufter EL edelsüßes Paprikapulver
ein Stück Zitronenschale
Außerdem:
etwas Zitronensaft, 1 EL gehackte Petersilie

Den Karpfen schuppen, ausnehmen und die Kiemen herausschneiden. Innen und außen unter fließendem kalten Wasser abspülen. Die Filets von den Gräten lösen und zur Seite stellen. Den Kopf, Schwanz und Gräten in einen Topf geben und mit kaltem Wasser bedecken. Die Knoblauchzehe schälen und dazudrücken. Die Zwiebel schälen und klein schneiden. Tomate, Fenchel und Lauch in grobe Stücke schneiden. Weiterverfahren, wie in Bild 1 gezeigt. Den Topfinhalt durch ein Sieb in einen Topf ablaufen lassen, die Brühe erneut aufkochen und auf die Hälfte reduzieren. Für das Pörkölt die Tomaten blanchieren, häuten, vierteln, Stielansatz und Samen entfernen. Die Paprikaschote vierteln, Samen und Scheidewände entfernen. Das Fruchtfleisch 2 Minuten blanchieren und häuten. Tomaten und Paprikaschote in Streifen, das Karpfenfilet in Stücke schneiden. Das Pörkölt zubereiten, wie gezeigt. Mit

Zitronensaft, Salz und Pfeffer abschmecken und mit Petersilie bestreuen. Zum Pörkölt kann man Kartoffeln, Reis oder, original ungarisch, Nockerln servieren. Das sind große »Spätzle«, die in Salzwasser gegart und in Butter geschwenkt werden.

Das Gemüse, die Kräuter und die Gewürze zu den Karkassen geben. Aufkochen, abschäumen und 30 Minuten köcheln lassen.

Die Butter zerlassen, die Zwiebeln darin anschwitzen. Das Paprikapulver 1 bis 2 Minuten anschwitzen, aber nicht anbrennen.

Die reduzierte Fischbrühe zugießen, aufkochen. Erneut um 1/4 reduzieren, so daß etwa 1/2 l Flüssigkeit zurückbleibt.

Die Tomaten- und Paprikastreifen in den reduzierten Fond geben und etwa 5 Minuten köcheln lassen.

Die Karpfenstücke salzen, pfeffern und mit der Zitronenschale in die Brühe geben. Halb zugedeckt in 4 bis 5 Minuten garen.

Ragout von Süßwasserfischen

ROTWEIN UND FISCH PASSEN SEHR GUT ZUSAMMEN, WENN DIE WÜRZUNG STIMMT.

Für eine solche Mischung sind eigentlich alle Arten von Süßwasserfischen zu verwenden. Es sollten aber jeweils Fische mit weißem Fleisch wie Forelle, Zander oder Weißfisch, also magere Fische, dabeisein und Fische mit hohem Fettanteil wie Karpfen oder Aal. Für die Sauce sollte man einen kräftigen Rotwein vom Balkan verwenden, zum Beispiel einen Pinot noir oder einen Merlot aus dem Banat oder Moldawien.

600 g Aal, ausgenommen und gehäutet
1 Forelle (300 g), ausgenommen und entgrätet
300 g Karpfenfilet, Salz, frisch gemahlener Pfeffer
Für den Sud:
150 g Zwiebeln, geschält, 120 g Möhren, geputzt
je 50 g Petersilienwurzel und Lauch, geputzt
2 Lorbeerblätter, 6 Wacholderbeeren
5 weiße Pfefferkörner, 1 TL Senfkörner
2 Zitronenscheiben, 1 EL Zucker
Salz, 1/8 l Rotweinessig, 1 l Wasser

Fischeintöpfe gibt es in praktisch allen Ländern der Welt, je nach Angebot des Marktes mit den verschiedensten Fischarten. Dem Koch bleibt jegliche schöpferische Freiheit, wobei auch hier geschmackliche Grenzen nicht zu überschreiten sind. Zu diesem Gericht passen frisch gekochte Kartoffeln sehr gut.

Für die Hechtklößchen:
200 g Hechtfilet, in Stücken, 1 Ei
1/4 TL Salz, frisch gemahlener Pfeffer
25 g weiche Butter, 1/8 l, kalte Sahne
Für die Rotweinsauce:
50 g Butter, 80 g Möhren, in Scheiben
60 g Zwiebeln und 50 g Petersilienwurzel, in Scheiben
80 g Lauch, in Scheiben, 2 EL Tomatenmark
1/4 l Rotwein, 100 g Crème fraîche
Außerdem:
1 EL Schnittlauchröllchen

1. Den Aal in 4 bis 5 cm lange Stücke schneiden. Die Forelle in 2 cm dicke Scheiben, das Karpfenfilet in 5 cm große Stücke schneiden. Alles mit Salz und Pfeffer würzen, zudecken und kühl stellen.

2. Für den Sud das Gemüse grob zerkleinern und mit den restlichen Zutaten aufkochen, die Hitze verringern, zudecken und 30 Minuten köcheln. 1/2 l abseihen und für die Sauce zur Seite stellen.

3. Die Hechtfiletstücke im Mixer pürieren und durch ein feines Sieb in eine Schüssel streichen. Zudecken und in den Kühlschrank stellen. Unter die durchgekühlte Farce das Ei und die Gewürze rühren. Die Butter und die Sahne einarbeiten. Erneut durchkühlen. Klößchen formen.

4. Für die Sauce die Butter zerlassen. Das Gemüse, bis auf den Lauch, 5 Minuten darin anschwitzen, den Lauch mitdünsten. Das Tomatenmark einrühren, den Wein und den zur Seite gestellten Sud zugießen und alles gut durchköcheln lassen.

5. Den Aal 5 Minuten in dem restlichen Sud ziehen lassen. Die Klößchen einlegen und ebenfalls 5 Minuten ziehen lassen. Die Karpfenstücke und Forellenscheiben einlegen und weitere 3 Minuten ziehen lassen.

6. Die Crème fraîche in die Sauce rühren, sofort die Hitze reduzieren. Nur den Fisch aus dem Sud heben und in der Sauce 2 bis 3 Minuten ziehen lassen. Auf Teller anrichten. Die Klößchen zu dem Fischragout geben. Mit Schnittlauch bestreuen.

Diesem Teufel aus der See sieht man nicht an, daß er ein so schmackhaftes Fleisch hat. Sein Gebiß flößt beim Anblick eher Furcht ein.

Seeteufel auf Gemüse

AUF EINER MEDITERRANEN GEMÜSEMISCHUNG, WIE SIE AUCH AN DER KROATISCHEN KÜSTE ZUBEREITET WIRD, SCHMECKT DIESER FISCH BESONDERS FEIN.

Der Seeteufel, der auch als Lotte, Baudroie oder Angler gehandelt wird, taugt mit seinem blütenweißen und festen Fleisch sehr gut für eine solche Zubereitung. Er nimmt das Aroma des Gemüses auf, ohne dabei seinen Eigengeschmack zu verlieren, und zerfällt außerdem auch nicht, wenn er etwas zu lange im Ofen war.

750 g Seeteufel, ohne Haut
Für das Gemüse:
80 g Zwiebeln, 1 Knoblauchzehe
200 g Auberginen, 200 g Zucchini
200 g grüne Paprikaschoten
250 g reife Tomaten
40 ml feines Pflanzenöl, 1/8 l Kalbsfond
Für die Gewürzmischung:
1 TL Salz, 1/3 TL frisch gemahlener Pfeffer
1/3 TL gemahlener Ingwer
1 EL gehackte Petersilie
1 TL Thymianblättchen
Außerdem:
einige Basilikumblättchen

1. Von dem Seeteufel die letzten feinen Hautreste entfernen. Den Fisch, je nach Größe, in 4 oder mehrere, etwa 2 cm starke Scheiben schneiden. Das Rückgrat des Fisches läßt sich mit einem schweren Messer relativ leicht durchtrennen.

2. Für das Gemüse die Zwiebeln schälen und fein hacken. Die Knoblauchzehe schälen und zerdrücken. Die Auberginen waschen, putzen und das Fruchtfleisch in etwa 1/2 cm starke Scheiben schneiden. Die Zucchini in Stifte von 4 bis 5 cm Länge schneiden. Von den Paprikaschoten die Stiele herausschneiden, die Samen entfernen und das Fruchtfleisch in Ringe schneiden. Die Tomaten blanchieren, häuten, halbieren, Stielansatz und Samen entfernen und das Fruchtfleisch in große Stücke schneiden.

Seeteufel muß es nicht unbedingt sein. Es können auch andere Fische mit festem Fleisch sein. So paßt zum Beispiel Schwertfisch ganz besonders gut zu der Gemüsemischung. Aber nicht als ganze Scheibe, wie er meist gegrillt wird, sondern in Würfel mit 2 bis 3 cm Kantenlänge geschnitten.

3. Die Hälfte des Öls in einer großen Pfanne erhitzen und die Zwiebeln mit dem Knoblauch hell anschwitzen. Die Auberginenscheiben von beiden Seiten, dann die Paprikaringe und die Zucchinistifte andünsten. Den Fond aufgießen. Alles 3 bis 4 Minuten bei starker Hitze unter Bewegung dünsten, vom Herd nehmen. Tomaten zugeben.

4. Für die Gewürzmischung Salz, Pfeffer, das Ingwerpulver, die gehackte Petersilie und die Thymianblättchen miteinander vermischen.

5. Mit der Hälfte der Gewürzmischung das Gemüse würzen und in eine große Auflaufform geben. Die Fischscheiben darauf anordnen und mit der restlichen Gewürzmischung bestreuen. Mit dem restlichen Öl beträufeln. Die Form locker mit Alufolie zudecken. Bei 200 °C im vorgeheizten Ofen 20 bis 30 Minuten garen, die Garzeit ist je nach Größe der Seeteufelscheiben unterschiedlich lang. Wenn sich der Fisch vom Rückgrat leicht lösen läßt, ist das ein Zeichen dafür, daß er wirklich gar ist.

6. Mit den Basilikumblättchen garnieren. Mit gekochten Kartoffeln oder ganz einfach mit frischem Weißbrot servieren. Dazu paßt ganz vorzüglich einer der leichten Rotweine von der kroatischen Küste.

Walnußsauce zu gebratenem Fisch

KNOBLAUCH, JOGHURT UND WALNÜSSE – EINE KOMBINATION,
DIE IN BULGARIEN VIELFÄLTIG VARIIERT WIRD.

Es lohnt sich, mit diesen 3 Zutaten zu experimentieren, denn dabei kommen geschmacklich höchst interessante Ergebnisse zutage, die, wie in diesem Rezept, auch mit Fisch gut harmonieren.

4 Dorades royales (je etwa 250 g)
1 TL Salz, frisch gemahlener Pfeffer
Mehl zum Bestauben, 2 EL Öl, 30 g Butter
Für die Walnußsauce:
120 g gemahlene Walnüsse, 2 Knoblauchzehen
100 g mehlige Kartoffeln, gekocht
50 ml Sonnenblumenöl
1 EL Obstessig, 1 TL Zitronensaft
100 g Joghurt, 1/2 TL Salz, frisch gemahlener Pfeffer
Außerdem:
1 Frühlingszwiebel, in Ringe geschnitten

Frisch vom Baum sind sie am besten. Walnüsse gehören zu den empfindlichsten Nußsorten, und so sollten sie auch behandelt werden. Zur Lagerung am besten in der Schale lassen und kühl und trocken aufbewahren.

1. Die Doraden mit einem Tuch am Schwanzende festhalten und die Bauch- und Seitenflossen mit einer Schere in Richtung Kopf abschneiden. Die Bauchhöhle mit einem spitzen Messer von der Afteröffnung zum Kopf hin vorsichtig aufschneiden. Die Eingeweide mit den Fingern herausziehen. Die Schuppen mit einem speziellen Fischschupper ebenfalls in Richtung Kopf abschaben. Den Fisch innen und außen unter fließendem kalten Wasser sorgfältig waschen und trockentupfen. Mit Salz und Pfeffer würzen. Gleichmäßig leicht mit Mehl bestauben und das überschüssige Mehl abklopfen.

2. Für die Walnußsauce die Walnüsse in eine Schüssel geben. Den Knoblauch schälen und durch die Knoblauchpresse dazudrücken. Die gekochten, kalten Kartoffeln schälen und fein in die Schüssel reiben. Das Öl, den Essig, den Zitronensaft und den Joghurt untermischen und gut rühren, bis eine glatte Sauce entstanden ist. Mit Salz und Pfeffer würzen.

3. Das Öl und die Butter in einer entsprechend großen Pfanne erhitzen und darin die Fische von jeder Seite etwa 3 Minuten braten. Die Fische mit der Sauce auf Teller anrichten und mit Frühlingszwiebelringen bestreuen.

4. Als Gemüsebeilage ist kurz gedünsteter, knackiger Brokkoli zu empfehlen, der zur Knoblauch-Walnußsauce ganz besonders fein paßt. Im übrigen können gekochte Kartoffeln oder frisches Weißbrot als Ergänzung serviert werden. Als Weinempfehlung kann ein bulgarischer Cabernet-Sauvignon angegeben werden. Dieser weiche Rotwein paßt wider Erwarten ganz hervorragend zu gebratenem Fisch.

Zitronen werden in der griechischen Küche reichlich verwendet. Zu einem gebratenen Fisch wie in diesem Rezept passen sie auch bestens. Die Säure und das Zitronenaroma, das von der Schale ausgeht, ergänzen es vorzüglich.

Psári plakí

DER »FISCH AUS DEM OFEN« GEHÖRT ZU DEN BELIEBTESTEN SPEZIALITÄTEN AUF DER GRIECHISCHEN SPEISEKARTE.

Daß der ganze Fisch im Ofen gegart wird, ist auch der einzige gemeinsame Nenner dieses Rezepts. Welcher Fisch dafür verwendet wird, wie er gewürzt wird und was sonst noch an Zutaten in oder über den Fisch kommt, bleibt dem kreativen Koch überlassen. Bei der Zubereitung kann man also richtig schön phantasieren beziehungsweise eben das verwenden, was gerade frisch am Markt angeboten wird. Ideal für diese Methode sind kleinere Grouper, Snapper, Seebarsche, Brassen und natürlich der Wolfsbarsch, der als »Loup de mer« gehandelt wird. Bei »psári plakí« in seiner einfachsten Art wird der Fisch nur eingeschnitten, mit einer Gewürzmischung eingerieben und mit reichlich Olivenöl beträufelt. Raffinierter wird das Rezept, wenn wie hier Zwiebeln, Tomaten und andere würzende Zutaten darüberkommen.

Kreta-Majoran oder griechischer Oregano sind Kräuter, die dem Fisch ein ganz typisches Aroma geben, und sind bei Kräuterspezialisten inzwischen auch bei uns zu haben. Eine Mischung aus Thymian und Oregano ist aber ein annähernd entsprechender Ersatz.

1 Wolfsbarsch (etwa 1 kg), 1 TL Salz
1/4 TL frisch gemahlener schwarzer Pfeffer
1 EL gehackter Kreta-Majoran
Für die Schalotten-Tomaten-Mischung:
80 g Schalotten, 1 Knoblauchzehe
350 g Tomaten, 3 EL gehackte Petersilie
4 EL Olivenöl, 3 EL Weißwein
Salz, frisch gemahlener weißer Pfeffer
Außerdem:
120 g Zwiebeln, 1 unbehandelte Zitrone
50 g Butter, 25 g Semmelbrösel
4 EL Olivenöl zum Beträufeln und für die Form
1 EL gehackte Petersilie

Den gesäuberten Fisch auf beiden Seiten mit einem scharfen Messer kreuzweise einschneiden.

Die Salz-Pfeffer-Majoran-Mischung gleichmäßig in die Einschnitte streuen.

Den Fisch mit einem Tuch am Schwanzende festhalten und die Flossen in Richtung Kopf abschneiden. Die Schuppen in Richtung Kopf abschaben. Die Bauchhöhle von der Afteröffnung bis zum Kopf hin aufschneiden und die Eingeweide entfernen. Die Bauchhöhle unter fließendem kalten Wasser gründlich säubern. Den Fisch einschneiden, wie gezeigt. Die Schalotten und den Knoblauch schälen und fein würfeln. Die Tomaten vierteln, Stielansatz und Samen entfernen und das Fruchtfleisch fein würfeln. Schalotten-, Knoblauch- und Tomatenwürfel mit der Petersilie in eine Schüssel geben. Mit dem Öl und dem Wein gut verrühren. Salzen und pfeffern. Die Zwiebeln

schälen und wie die Zitrone in dicke Scheiben (etwa 3 mm) schneiden. Die Butter in einer Kasserolle zerlassen, die Semmelbrösel einrühren und vom Herd nehmen. Eine feuerfeste Form mit Öl ausstreichen. Den Fisch einlegen. Salz, Pfeffer und Majoran vermengen und, wie gezeigt, in die Einschnitte des Fisches und in seine Bauchhöhle streuen. Einen Teil der Schalotten-Tomaten-Mischung in, den Rest auf den Fisch legen. Einige Zwiebel- und Zitronenscheiben in die Bauchhöhle, den Rest auf dem Fisch verteilen. Mit den Semmelbröseln und der Petersilie bestreuen und mit dem restlichen Öl beträufeln. Bei 200 °C im vorgeheizten Ofen in 35 bis 40 Minuten garen.

Fisch und Shrimps auf Zucchiniragout

WOHLSCHMECKENDE FISCHFILETS UND KNACKIGE, FRISCHE ZUCCHINI SIND FÜR DIESES REZEPT NÖTIG.

Dabei spielt die Fischsorte keine große Rolle. Es kann ein Edelfisch sein wie Steinbutt, Wolfsbarsch oder Seeteufel, aber auch ein Filet vom Kabeljau oder Goldbarsch taugt dafür bestens.

4 Kabeljaufilets (je etwa 180 g)
12 Garnelenschwänze, ohne Schale
Salz, frisch gemahlener weißer Pfeffer
Saft von 1/2 Zitrone zum Beträufeln
1 EL Öl, 40 g Butter
Für das Zucchinigemüse:
50 g Zwiebel
1 Knoblauchzehe
400 g Zucchini
150 g Tomaten
1 rote Chilischote
3 EL Olivenöl
12 Kalamata-Oliven
1 EL gehackte Kräuter (Thymian, Kreta-Majoran)
1/8 l Gemüsefond
Salz
Außerdem:
1 TL gehackte Petersilie

Griechische Oliven sind nicht umsonst so begehrt. Dort versteht man sie auch besonders schmackhaft einzulegen, und sie stehen zu jeder Mahlzeit mit auf dem Tisch. Auch in der Küche macht man reichlich davon Gebrauch.

1. Die Fischfilets mit Küchenpapier trockentupfen. Die Garnelenschwänze waschen, abtropfen lassen, ebenfalls mit Küchenpapier abtrocknen.

2. Für das Zucchinigemüse die Zwiebel und den Knoblauch schälen und fein hacken. Von den Zucchini Blüten- und Stielansatz entfernen, das Fruchtfleisch in 2 cm dicke Scheiben schneiden und diese vierteln. Die Tomaten blanchieren, häuten, halbieren, Samen und Stielansatz entfernen und das Fruchtfleisch grob würfeln. Die Chilischote halbieren, Samen und Scheidewände entfernen und das Fruchtfleisch fein würfeln.

3. Das Olivenöl in einem entsprechend großen Topf erhitzen. Die Zwiebel- und Knoblauchwürfel darin hell anschwitzen. Die Zucchinistücke kurz mitschwitzen. Die Tomaten- und Chiliwürfel, die Oliven und die Kräuter zugeben. Mit dem Fond aufgießen, mit Salz abschmecken, zudecken und etwa 8 Minuten schmoren lassen.

4. Die Kabeljaufilets und die Garnelen salzen und pfeffern. Die Fischfilets mit Zitronensaft beträufeln. In einer entsprechend großen Pfanne das Öl und die Butter erhitzen und die Filets darin etwa 2 Minuten auf einer Seite braten, wenden, die Garnelen in die Pfanne zu den Filets geben und zusammen weitere 2 Minuten braten, dabei die Garnelen gelegentlich wenden. Mit dem Zucchinigemüse auf Teller anrichten. Mit der gehackten Petersilie bestreuen.

Der Knurrhahn mit seinen großen Flossen gehört nicht zu den teuren Fischen. Für den Pilaw aber ist er ideal, weil er viel Geschmack mitbringt. Auf den griechischen Märkten gehört er zum täglichen Angebot.

Gratinierter Pilaw mit Fisch und Gemüse

REIS, FISCH UND GEMÜSE FINDEN IN DIESEM REZEPT ZU EINER EINMALIGEN HARMONIE.

In welche Richtung sich diese Mischung geschmacklich bewegen soll, läßt sich durch die Zufuhr der Flüssigkeit beim Reis beeinflussen. Soll das Aroma des Meeres dominieren, wird der Reis mit kräftigem Fischfond aufgegossen. Ansonsten ist Gemüsefond passend oder Kalbsfond, der allgemein als »Geschmacksverstärker« dient.

Für den Pilaw:
50 g Zwiebel, 1 Knoblauchzehe
3 EL Olivenöl
200 g Rundkornreis
1/8 l leichter griechischer Weißwein
1/2 l Fischfond (siehe Seite 8) oder Gemüsefond
einige Fäden Safran
1 TL Salz, etwas frisch gemahlener Pfeffer
Für die Gemüse-Fisch-Mischung:
250 g Auberginen
250 g reife Tomaten
400 g Knurrhahn, ausgenommen
4 EL Olivenöl
150 g Garnelen, geschält
Abgeriebenes von 1/2 unbehandelten Zitrone
1 Messerspitze Cayennepfeffer
1 EL gehackte Petersilie oder Schnittsellerie
Zum Gratinieren:
40 g Hartkäse (zum Beispiel Kefalotiri)
1 EL Semmelbrösel
Außerdem:
Olivenöl zum Ausstreichen der Form

Für den Pilaw die Zwiebel und die Knoblauchzehe schälen und ganz fein würfeln. Das Olivenöl in einer entsprechend großen Kasserolle erhitzen und die Zwiebel- und Knoblauchwürfel darin hell anschwitzen. Den Reis dazugeben und bei starker Hitze unter ständiger Bewegung mit einem Koch-

Das Öl in einer großen Pfanne erhitzen, die Auberginenwürfel kurz darin anbraten, mit den Tomatenstücken 2 bis 3 Minuten weiterbraten. Die Fischstücke darin unter Rühren nur ganz kurz anbraten, sie sollen nur gerade weiß werden. Sofort vom Herd nehmen. Die Gemüse-Fisch-Mischung zum Reis geben, ebenso die Garnelen, die Zitronenschale, den Pfeffer und die Petersilie und alles vorsichtig vermischen.

löffel mitschwitzen, bis er glasig wird. Mit dem Wein ablöschen und diesen fast verdampfen lassen. Den Fond separat in einem Topf erhitzen, den Safran zugeben, salzen und pfeffern. Mit zunächst der Hälfte dieses Fonds den Reis aufgießen und, wenn er weitestgehend aufgesogen ist, den Rest zugeben. Der Reis soll gar sein, aber noch richtig körnig. Falls nötig, kann er mit zusätzlichem Fond oder auch mit Wasser weitergegart werden. Den Reis in eine Schüssel füllen. Die Auberginen waschen, den Stiel entfernen und das Fruchtfleisch zunächst in Scheiben, dann in Würfel schneiden. Die Tomaten blanchieren, häuten, halbieren, Stielansatz und Samen entfernen und

das Fruchtfleisch in große Würfel schneiden. Den Knurrhahn filetieren, das heißt, alles verwertbare Fleisch mit oder ohne Haut in mundgerechte Stücke schneiden. Es sollen 300 bis 400 g reines Fischfleisch übrig bleiben. Weiterverfahren, wie in der Bildfolge gezeigt. Eine große feuerfeste Form mit etwas Öl ausstreichen und den Pilaw einfüllen. Den Käse reiben, mit den Semmelbröseln vermischen und gleichmäßig über die Oberfläche streuen. Bei 200 °C in den vorgeheizten Ofen schieben und 10 bis 12 Minuten gratinieren.

Reis ist in der griechischen Küche sehr beliebt, und in Form von Pilaw wird er in vielen Variationen zubereitet. Ähnlich dem italienischen Risotto gießt man ihn zuerst mit Wein auf und dann mit der geschmackgebenden Brühe.

Gebackener Fisch mit griechischem Salat

EIN RICHTIGES SOMMERESSEN – SCHWIMMEND AUSGEBACKENER FISCH UND DAZU EIN FRISCHER GRIECHISCHER SALAT.

Dazu kann man auch noch eine Kräuterremoulade servieren, deren Zubereitung keine große Mühe macht. Dafür Mayonnaise mit der gleichen Menge Joghurt verrühren und mit frisch gehackten Kräutern, Salz und Pfeffer würzen. Aber auch nur mit einem Salat serviert, ist so ein frisch ausgebackener Fisch ein feines, kleines Essen für zwischendurch oder auch, bei der entsprechenden Menge der Zutaten, ein Hauptgericht. Für dieses Gericht eignen sich alle Fische mit weißem Fleisch, wie es etwa der Meerbrassen ist.

600 g weißfleischige Filets (etwa vom Meerbrassen)
Für die Marinade:
Saft von 1/2 Zitrone
100 ml Olivenöl

Für mehr Abwechslung
auf dem Teller ein Tip: Garnelen, geschält und ohne Darm, lassen sich in dem gleichen Teig backen. Dafür mittelgroße Garnelen (41-50) verwenden.

Das geschlagene Eiweiß unter den Weinteig heben. Die trockengetupften Fischstücke einzeln in den Teig tauchen und darin wenden. Herausheben und abtropfen lassen.

Die Fischstücke in dem auf 180 °C erhitzten Fett fritieren, bis sie goldgelb und knusprig sind.

Das Fritiersieb hochstellen und die Fischstücke abtropfen lassen. Sofort servieren.

Salz, frisch gemahlener Pfeffer
2 Zweige Thymian
Für den Weinteig:
180 g Mehl
150 ml Weißwein
1 Ei
1/2 TL Salz
1 Eiweiß
Außerdem:
Fett zum Ausbacken

Die Filets in etwa 2,5 cm breite Streifen schneiden und in eine flache Form legen. Für die Marinade den Zitronensaft mit dem Olivenöl verrühren und

mit Salz und Pfeffer würzen. Die Marinade über die Filets gießen und die Thymianzweige einlegen. Zudecken und den Fisch 30 Minuten im Kühlschrank marinieren. Für den Weinteig das Mehl in eine Schüssel sieben und den Wein, das Ei und das Salz unterrühren. Mit einem Tuch abdecken und den Teig 15 bis 20 Minuten quellen lassen. Anschließend kräftig durchrühren. Das Eiweiß nicht zu steif schlagen und unter den Teig ziehen, wie in dem ersten kleinen Bild gezeigt. Die Fischstücke aus der Marinade heben, sorgfältig trockentupfen und einzeln durch den Teig ziehen. Weiterverfahren, wie gezeigt. Als Beilage paßt ein griechischer Salat sehr gut dazu. Dafür

1 Kopfsalat waschen und in mundgerechte Stücke teilen. 1 Bund Rucola waschen und verlesen. 200 g Salatgurke waschen und mit der Schale in Scheiben schneiden. 250 g Tomaten waschen und achteln. 60 g Zwiebel in Ringe schneiden. 150 g Schafkäse in Würfel schneiden. Alles zusammen mit 12 schwarzen Oliven mischen. Für die Sauce in einer Schüssel 2 EL Essig mit 1 Prise Zucker, Salz und Pfeffer verrühren. 4 EL Olivenöl nach und nach unterrühren. Über den Salat verteilen und mit 1 EL gehackten Kräutern bestreuen.

Foto: Ulla Mayer-Raichle

Die Fischer kennen eine ganz einfache Methode, um das feste Fleisch des Octopus weich zu bekommen. Sie schlagen ihn, und zwar so oft wie möglich, gegen Steinmauern oder Felsen. Dadurch wird das Fleisch deutlich mürber.

Octopus mit Gemüse

ZWIEBELN, TOMATEN UND ROTWEIN HARMONIEREN GUT MIT KRAKENFLEISCH.

Der Octopus sieht nicht gerade freundlich aus, und sein Fleisch steht in dem Ruf, zäh zu sein. Beides ist falsch. Zumindest gekocht sieht er höchst interessant aus, und wenn er richtig zubereitet wird, bleibt sein Fleisch zwar fest, ist aber schmackhaft und überhaupt nicht zäh. Wie er vorbereitet werden muß, hängt weitestgehend von seiner Größe ab. Kleinen Exemplaren von etwa 250 g bis 1 kg muß die Haut nicht abgezogen werden, man kann sie ohne weiteres mitessen. Sie läßt sich auch mit Salz leicht abreiben. Bei größeren Kraken von über 1 kg sollte die Haut abgezogen werden.

1 kg Kraken, grobes Salz
Für die Tomatensauce:
250 g Zwiebeln, 1 Knoblauchzehe
500 g Tomaten, 2 getrocknete Tomaten
120 g Stangensellerie, 30 ml Olivenöl
1 TL Tomatenmark
1 TL Knoblauchessig oder Weinessig

Der Octopus (zu deutsch »Krake«) – eines der vielen Mitglieder der »Octopodiden« –, kommt zwar in allen Weltmeeren vor, wird aber nicht überall gefangen. Besonders beliebt ist er an den Mittelmeerküsten und im Fernen Osten. Vor allem in Japan wird er in großen Mengen gegessen.

300 ml kräftiger Rotwein, 1 Lorbeerblatt
Salz, frisch gemahlener Pfeffer
Außerdem:
je 1 EL gehackte Petersilie und Sellerieblättchen

1. Die Fangarme der Kraken straff ausstrecken.
Die Haut unter den Augen rundum einschneiden.
An den Armen ziehen, um die Eingeweide mit
dem Tintensack aus dem Körperbeutel zu entfernen. Arme und Körperbeutel waschen. Die Kauwerkzeuge herausschneiden. Die Haut der Fangarme mit grobem Salz abreiben. Die Kraken in
Salzwasser etwa 25 Minuten kochen. Herausnehmen und etwas abkühlen lassen.

2. Zwiebeln und Knoblauch schälen und hacken.
Die Tomaten häuten und fein würfeln. Die getrockneten Tomaten hacken. Den Sellerie fein
würfeln. Das Öl erhitzen und die Zwiebel- und
Knoblauchwürfel darin glasig schwitzen. Toma-
ten- und Selleriewürfel kurz mitschwitzen. Tomatenmark einrühren, Essig und Wein zugießen.
Das Lorbeerblatt, Salz und Pfeffer zugeben. 5 bis
10 Minuten kochen, bis die Sauce etwas eindickt.

3. Die Kraken schräg in etwa 1,5 cm große Stücke
schneiden. In die Tomatensauce geben und zugedeckt etwa 20 Minuten köcheln lassen. Mit Petersilie und Sellerieblättchen bestreuen.

Kräuter-Makrelen

SIE WERDEN AUF WEINBLÄTTERN MIT REICHLICH
KRÄUTERN IM OFEN GEGART.

In den Landesküchen entlang der Küsten des östlichen Mittelmeeres ist die Makrele ein beliebter Fisch zum Braten oder Grillen. Mit seinem hohen Fettanteil von etwa 12 Prozent ist er dafür bestens geeignet. Auf Weinblättern, Kräutern und vorgegarten Zwiebeln werden die Makrelen in diesem Rezept gegart. Die Kräutersauce ist eine passende Ergänzung, und körnig gekochter Reis oder gekochte Kartoffeln sind ideale Beilagen.

2 Makrelen (je 600 g), ausgenommen
Salz, frisch gemahlener Pfeffer
2 Zitronenblätter, 2 Zweige Thymian
Für die Unterlage:
350 g Zwiebeln, 2 EL Olivenöl
8 eingelegte Weinblätter, 4 Zweige Thymian
350 ml Fischfond (siehe Seite 8)

Frische Kräuter
gehören auf den südlichen Märkten zum täglichen Angebot.

Für die Kräutersauce:
20 g Butter, 10 g Mehl, 80 ml Sahne
Salz, frisch gemahlener Pfeffer
1 TL Zitronensaft
4 EL gehackte Petersilie
2 EL gehackter Dill
1 EL gehackte Minze
Außerdem:
Öl für die Form und für die Folie

1. Die Fische unter fließendem kalten Wasser innen und außen waschen. Innen mit Küchenpapier trockentupfen. Außen und innen salzen und pfeffern. In die Bauchhöhle je 1 Zitronenblatt und 1 Thymianzweig legen.

2. Die Zwiebeln schälen und in Scheiben schneiden. Das Öl in einer Pfanne erhitzen und die Zwiebeln darin langsam glasig anschwitzen. Eine feuerfeste Form mit Öl ausstreichen und mit den Weinblättern auslegen. Die gedünsteten Zwiebeln und die Thymianzweige darauf verteilen.

3. Die Fische in die Form legen und so viel Fischfond aufgießen, daß alles gerade bedeckt ist. Mit gefetteter Alufolie so abdecken, daß sie den Fisch nicht direkt berührt, damit die Haut nicht daran kleben bleibt. Die Fische bei 180 °C im vorgeheizten Ofen in etwa 20 Minuten garen.

4. Inzwischen für die Kräutersauce die Butter in einem Topf zerlassen, das Mehl einrühren und unter Rühren hell anschwitzen. Sobald die Fische gar sind, die Brühe durch ein Sieb in die Mehlschwitze gießen. Mit einem Schneebesen gut verrühren und etwa 5 Minuten köcheln lassen. Die Sahne unterrühren, salzen und pfeffern. Mit Zitronensaft, Petersilie, Dill und Minze würzen und nochmals 5 Minuten köcheln lassen. Die Kräutersauce separat zu den Fischen servieren.

Stolz präsentiert der Fischer seinen Fang, denn Schwertfische werden nicht so häufig gefangen, und das begehrte Fleisch ist deswegen auch entsprechend teuer.

Schwertfischspieße vom Grill

VOM HOLZKOHLENGRILL SCHMECKT DER SCHWERTFISCH EINFACH AM BESTEN: ALS GANZE SCHEIBE GEGRILLT ODER AM SPIESS.

Der Schwertfisch gehört zu den Fischen, die sehr wenig vom typischen Fischgeschmack haben, seine Konsistenz erinnert eher an zartes Kalbfleisch. Aus diesem Grund ist er wohl auch der Lieblingsfisch der »Fleischesser«.

1 kg Schwertfisch, 2 unbehandelte Zitronen
1 rote Peperoni, 1/8 l Olivenöl
100 ml Tomatensaft, 16 Lorbeerblätter
grobgemahlener schwarzer Pfeffer, 3 bis 4 Tomaten
Für die Paprika-Knoblauch-Sauce:
60 g Zwiebel, 1 Knoblauchzehe
100 g Dolma (türkische grüne Paprikaschote)
10 g Charleston (türkische hellgrüne Peperoni)
150 g türkischer Joghurt (3,5 % Fett)
Salz, frisch gemahlener Pfeffer
Außerdem:
4 Spieße

1. Den Fisch häuten, die Mittelgräten entfernen und das Fleisch in große Stücke schneiden. Die Zitronen waschen und in Scheiben schneiden. Die Peperoni halbieren, Samen und Scheidewände entfernen und das Fruchtfleisch in Streifen schneiden. Das Öl mit dem Tomatensaft verrühren.

Die Marinade gibt dem Schwertfischfleisch erst das richtige Aroma. Deshalb kann man mit Gewürzen recht großzügig umgehen, denn auf den Spieß werden außer dem Schwertfisch nur noch die Zitronenscheiben, die Lorbeerblätter und einige Tomatenscheiben gesteckt.

2. Die Fischstücke mit einigen Zitronenscheiben, 4 bis 5 Lorbeerblättern und den Peperonistreifen in eine Form legen. Mit Pfeffer bestreuen. Den öligen Tomatensaft darübergießen. Mit Folie bedecken und im Kühlschrank 1 Stunde marinieren.

3. Die Zwiebel schälen und fein würfeln, den Knoblauch schälen. Die Paprika- und Peperonischoten halbieren, Samen und Scheidewände entfernen und das Fruchtfleisch in kleine Würfel schneiden. Den Joghurt in eine Schüssel geben, die Zwiebel-, Paprika- und Peperoniwürfel zufügen und den Knoblauch durch eine Presse dazudrücken. Salzen, pfeffern und alles vermischen.

4. Den Fisch aus der Marinade nehmen. Die Tomaten in 1,5 cm breite Scheiben schneiden. Abwechselnd Fischstücke, Zitronenscheiben, Lorbeerblätter und Tomatenscheiben aufspießen, dabei auch die Zutaten aus der Marinade nehmen.

5. Die Spieße auf den vorgeheizten Grill legen und während des Grillens einige Male wenden, damit die Hitze gleichmäßig einwirken kann. Je nach Stärke der Glut dauert der Garvorgang 10 bis 12 Minuten. Es ist ratsam, schon vorher ein Fischstück aufzuschneiden, denn das feste Fleisch wird leicht trocken. Die kalte Joghurtsauce und frisches türkisches Fladenbrot dazu reichen.

Meeraal, in Gemüse geschmort

EIN FISCH, DER SICH FÜR DIESE GARMETHODE
BESONDERS GUT EIGNET.

Aber Vorsicht ist geboten: Beim Meeraal (*Conger conger*) ist, zumindest in Deutschland, die Verwechslungsgefahr groß, weil er auch als »Seeaal« angeboten wird, und dieselbe Bezeichnung wird auch oft für das Fleisch vom »Dornhai« verwendet. Für dieses Rezept muß es aber nicht unbedingt der Meeraal sein. Auch andere festfleischige Fische wie der Knurrhahn und die Makrele taugen dafür bestens. In einer höheren Preisklasse gibt es Fische, wie zum Beispiel der Seeteufel, die durch ihre Fleischstruktur gut geschmort werden können und das ganze Gericht natürlich nicht nur geschmacklich aufwerten.

800 g Meeraal, gehäutet
Für das Gemüse:
80 g Zwiebeln, 1 Knoblauchzehe
80 g Möhren, 50 g Stangensellerie
100 g rote Paprikaschote, 100 g Zucchini
3 EL Olivenöl
1/4 l Fischfond (siehe Seite 8)
Salz, frisch gemahlener Pfeffer
1 EL gehackte Kräuter
15 Kalamata-Oliven
Außerdem:
einige Korianderblättchen und Rosmarinnadeln

1. Den gehäuteten Meeraal in mundgerechte, etwa 3 cm große Stücke schneiden.

2. Die Zwiebeln und den Knoblauch schälen. Die Zwiebeln in Ringe schneiden, den Knoblauch fein hacken. Die Möhren schälen und in feine Stifte schneiden, den Stangensellerie putzen und in Scheiben schneiden. Die Paprikaschote halbieren, die Samen und Scheidewände entfernen und das Fruchtfleisch in Streifen schneiden. Von den Zucchini Blüten- und Stielansatz entfernen und das Fruchtfleisch in Scheiben schneiden.

3. Das Olivenöl in einem entsprechend großen Topf erhitzen und die Zwiebelringe und den Knoblauch darin hell anschwitzen. Das vorbereitete Gemüse und den Seeaal zufügen und alles zusammen unter mehrmaligem Wenden 2 bis 3 Minuten mitschwitzen. Mit dem Fischfond aufgießen, mit Salz und Pfeffer abschmecken und die gehackten Kräuter (Koriandergrün, Petersilie, wenig Rosmarin) einstreuen. Zudecken und bei geringer Hitze etwa 15 Minuten schmoren. In den letzten Minuten die Oliven zugeben. Mit den Korianderblättchen und den Rosmarinnadeln bestreuen und servieren.

4. Dazu paßt Safranreis oder mit Kurkuma gewürzter und gefärbter Reis sehr gut.

Nicht nur bei den Gerichten, die auf einem reichhaltigen Gemüse- und Früchteangebot basieren, kommt die orientalische Vielfalt zum Ausdruck, sondern auch bei dem traditionellen bunten Geschirr, das die ausgeprägte Sinnesfreudigkeit der osmanischen Kultur widerspiegelt.

Ausgebackene Ährenfische

DIE KLEINEN ÄHRENFISCHE WERDEN IN ALLEN KÜSTEN-LÄNDERN DES MITTELMEERES ÄHNLICH ZUBEREITET.

Sie schmecken so zart wie sie aussehen, und ihr feines Aroma kommt beim Fritieren am besten zur Geltung. Außerdem ist dies eine sehr praktische Methode der Zubereitung, denn sie macht wenig Mühe. In diesem Rezept werden sie einfach in Milch getaucht und in Mehl gewälzt. In Griechenland werden sie auch mit einem Teig aus Eiern, Wein und Mehl überzogen und dann fritiert. In Portugal und in Spanien, wo sie »pejerrey« heißen, werden sie vorher einfach mit Mehl, oft Reismehl, bestaubt. Dort gehören sie zu der großen Gruppe der »tapas«, dieser kleinen Snacks, die man schon am Vormittag zu einem Glas Wein genießt. Fritiert werden die Ährenfische in Olivenöl, doch der intensive Geschmack ist nicht jedermanns Sache. Feines Pflanzenöl ist aber ein guter Ersatz. In Ita-

Der Ölbaum und das Meer – das Öl und die Fische. Sie sind die Basis für viele der großartigen, wenn auch oft einfachen Gerichte dieser Region.

Die kalte Kräutersauce ist zum Eintauchen der ausgebackenen Fischchen eine feine Ergänzung. Mit Knoblauch und dem Aroma der Kapern gibt das eine typisch mediterrane Delikatesse.

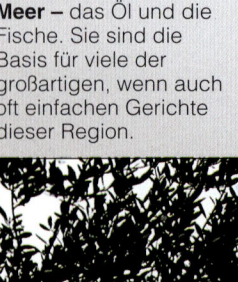

lien sind sie als »latterini in saor« eine Delikatesse. Dafür werden die Ährenfischchen zwei Stunden in einer Mischung aus Essig, Olivenöl, Zwiebeln, Knoblauch und vielen frischen Kräutern mariniert und anschließend kurz gebraten.

800 g kleine Ährenfische
100 ml Milch, 1 TL Salz, 100 g Mehl
Olivenöl zum Ausbacken
Für die Kräutersauce:
1 EL gesalzene Kapern
2 EL Pinienkerne, 2 Sardellenfilets
2 Knoblauchzehen, geschält
1 hartgekochtes Ei

| 1 EL ganz fein gehackte Zwiebeln |
| 4 EL gehackte Kräuter (Petersilie, Dill, Schnittlauch) |
| 50 ml Olivenöl |
| 50 ml Gemüsefond |
| **Außerdem:** |
| Zitronenspalten |

1. Für die Sauce Kapern, Pinienkerne, Sardellenfilets und Knoblauchzehen sehr fein hacken. Das Ei schälen, das Eigelb durch ein Sieb streichen, das Eiweiß fein würfeln. Zusammen mit den gehackten Zwiebeln und den Kräutern in einer Schüssel mit dem Öl gründlich verrühren. Den Gemüsefond ebenfalls gut unterrühren.

2. Die Milch in einen tiefen Teller gießen und salzen. Das Mehl in einen zweiten Teller geben. Die Ährenfische zuerst in die gesalzene Milch eintauchen, herausheben und abtropfen lassen. Die Fische anschließend in dem Mehl wenden, bis sie gleichmäßig damit bedeckt sind, in ein Sieb legen und durch vorsichtiges Schütteln das überschüssige Mehl entfernen.

3. Das Öl auf 180 °C erhitzen und jeweils eine Handvoll Fischchen darin in 2 bis 3 Minuten goldbraun ausbacken. Herausnehmen und auf Küchenpapier kurz abtropfen lassen. Sofort mit der Sauce und Zitronenspalten servieren.

Gefüllter Fisch mit Paprikasauce

MIT DEN SÜSSEN SAMEN DES GRANATAPFELS EIN KULINARISCH INTERESSANTES GERICHT.

Kleine Seehechte sind – aufgrund ihres Fleisches und ihrer Form – als Portionsfische ideal zum Füllen, auch kleine Brassen eignen sich dafür gut.

6 kleine Seehechte (je 200 g, ausgenommen)
Für die Füllung:
50 g Garnelen, geschält, 50 g Sahne, 1 rote Chilischote
1 TL gehacktes Koriandergrün, Salz, Pfeffer
Für die Paprikasauce:
2 Schalotten, 200 g gelbe Paprikaschoten, 20 g Butter
1/2 Lorbeerblatt, 1 bis 2 Nelken
2 zerdrückte Wacholderbeeren, 2 Zweige Thymian
8 EL Weißwein, 300 ml Gemüse- oder Kalbsfond
Salz, Pfeffer, 2 EL geschlagene Sahne

Von der Bauchöffnung bis zum Schwanz aufschneiden, dabei das Messer dicht an den Gräten entlang führen. Den Fisch aber auf der Rückenseite nicht durchschneiden.

Mit den Fingern zwischen Fleisch und Rückgrat vom Schwanz in Richtung Kopf fahren, das Rückgrat dabei vom Fleisch lösen. Mit den Gräten am Schwanzende abschneiden.

Das Rückgrat bis zum Kopf zurückklappen und mit dem Kopf abschneiden. Die Bauch-, Seiten- und Rückenflossen abschneiden.

Außerdem:
80 g Granatapfelsamen, Koriandergrün

Die Seehechte vorbereiten, wie in der Bildfolge gezeigt. 4 Fische zum Füllen beiseite stellen. Von den restlichen beiden Fischen die Haut abziehen und die Filets (etwa 150 bis 200 g) für die Füllung verwenden. Für die Füllung die 2 Fischfilets und die Garnelen in Stücke schneiden und im Mixer pürieren. In eine Schüssel geben und mit der Sahne glattrühren. Die Chilischote halbieren, die Samen entfernen und das Fruchtfleisch klein hacken. Mit dem Koriandergrün unter die Füllung rühren, salzen und pfeffern. Zum Füllen die ausgelösten Fische mit der Hautseite nach unten auf eine Arbeitsfläche legen, die Füllung darauf verteilen und aufrollen. 4 entsprechend große Stücke Alufolie mit Öl bepinseln und je eine Fischrolle darin einwickeln. In eine feuerfeste Form legen und bei 190 °C im vorgeheizten Ofen 20 Minuten garen. Für die Sauce die Schalotten schälen und fein hacken. Die Paprikaschoten halbieren, Samen und Scheidewände entfernen und das Fruchtfleisch grob würfeln. Die Butter in einem Topf zerlassen und die Schalotten darin hell anschwitzen. Die Paprikastücke mitschwitzen. Die Gewürze zugeben. Den Wein zugießen und so weit reduzieren, daß die Mischung nur noch feucht ist. Den Fond zugießen und 20 Minuten kochen lassen. Lorbeerblatt und Thymian entfernen. Die Sauce mixen und passieren. Salzen, pfeffern und die geschlagene Sahne unterziehen. Die Fische aus dem Ofen nehmen und vorsichtig aus der Folie wickeln. Mit der Sauce anrichten und mit Granatapfelsamen und Koriandergrün servieren. Dazu schmeckt körnig gekochter Reis, Nudeln oder nur frisch gebackenes Weißbrot.

Fischmarkt in Essaouira. Täglich gibt es frischen Fisch in der geschichtsträchtigen Hafenstadt am Atlantik.

Gebratener Fisch mit Chermoula

DIE MAROKKANISCHE KÜCHE VERSTEHT ES, MIT KRÄUTERN UND KNOBLAUCH KREATIV UMZUGEHEN.

Chermoula ist eine solch interessante Gewürzmischung, die für Fischgerichte besonders viel verwendet wird. Gehackte Zwiebel, Knoblauch und Kräuter sind unter den vielen Varianten immer zu finden; dazu kommen unterschiedliche Gewürze wie Chili, Paprika, Safran, Kurkuma und viele andere. Jeder Koch hat so seine eigene, ganz spezielle Chermoula.

2 Brassen (je 500 g), ausgenommen
Für die Chermoula:
100 g weiße Zwiebeln, 3 Knoblauchzehen
1 rote Chilischote, 1/2 TL gemahlener Kreuzkümmel
1/4 TL edelsüßes Paprikapulver
1 Döschen Safran (1 g)
je 4 EL glatte Petersilie und Koriandergrün, gehackt
6 EL Olivenöl, Saft von 1/2 Zitrone, Salz
Außerdem:
200 g grüne Paprikaschoten (Dolma), 200 g Tomaten
2 salzig eingelegte Zitronen, Olivenöl für die Form

1. Die Brassen mit einem Fischschupper oder einem großen Messer in Richtung Kopf schuppen. Die Seitenflossen mit einer Schere abschneiden. Unter fließendem kalten Wasser innen und außen gut waschen und mit Küchenpapier trocken-

Brassen und Snapper sind die idealen Fische für diese Gar- und Würzmethode. Sie werden eingeschnitten, damit die Gewürzmischung in das Fleisch des Fisches gleichmäßig eindringen kann. Dabei bleibt der Eigengeschmack des Fisches sonderbarerweise trotzdem erhalten.

tupfen. Die Fische auf beiden Seiten in Abständen von 2 cm einschneiden – der Fachmann nennt dies »ziselieren« – und in eine Form legen.

2. Für die Chermoula Zwiebeln und Knoblauch schälen und fein würfeln. Die Chilischote halbieren, Samen und Scheidewände entfernen, das Fruchtfleisch fein würfeln. Mit allen Gewürzen und Kräutern in eine Schüssel geben, mit Olivenöl und Zitronensaft verrühren und salzen.

3. Die Chermoula gleichmäßig auf den Fischen verstreichen. Mit Folie abdecken und über Nacht im Kühlschrank marinieren.

4. Die Paprikaschoten waschen, halbieren, Samen und Scheidewände entfernen und das Fruchtfleisch in Würfel schneiden. Die Tomaten waschen, die Stielansätze entfernen und in Scheiben schneiden. Die eingelegten Zitronen halbieren, mit einem spitzen Löffel das Fruchtfleisch entfernen und die Schale in Stücke schneiden.

5. Eine feuerfeste Form mit Öl ausstreichen und die mit der Chermoula gewürzten Fische hineinlegen. Die Paprikawürfel, die Tomatenscheiben und die Zitronenschalenstücke zufügen. Den Fisch bei 200 °C im vorgeheizten Ofen in 25 bis 30 Minuten garen.

Die in Salz eingelegten Zitronen sind ganz wichtig für das typische Aroma der marokkanischen Küche. Frische Zitronen sind da ein unzureichender Ersatz, aber inzwischen werden konservierte Zitronen in Spezialgeschäften auch bei uns angeboten.

Job Gris mit gewürzter Ananas

EIN FEINER FISCH MIT FESTEM WEISSEN FLEISCH, EXOTISCH-FRUCHTIG ZUBEREITET.

Die Fischer der Seychellen vermarkten ihre Fänge inzwischen per Luftfracht auch nach Europa und Asien. Sammelstelle ist die Fischereikooperative auf der Hauptinsel Mahé, und von dort kommen sie sozusagen »über Nacht« in bester Qualität auf unsere Märkte.

Der Job Gris (*Aprion virescens*) aus dem Indischen Ozean ist einer der beliebtesten Fische in seinem Heimatgebiet. Er läßt sich gut im ganzen zubereiten, entweder gegrillt oder gebraten, schmeckt jedoch auch pochiert sehr fein, vor allem, wenn er in exotisch gewürzter Hühnerbrühe gegart wird.

Für den Job Gris:
1 Job Gris (1,8 kg), ersatzweise Seewolf
Salz, frisch gemahlener Pfeffer, 1 Zweig Pfefferminze
1 Zweig Koriandergrün
2 l ungesalzene Hühnerbrühe
2 Frühlingszwiebeln, gehackt
10 Pfefferkörner, 1 Stück Petersilienwurzel
Für die gewürzte Ananas:
1 frische Ananas, 1 EL brauner Zucker
1 TL Kurkumapulver

Die Ananas (*Ananas comosus*) wird in den tropischen Regionalküchen nicht nur als Frischfrucht geschätzt, sondern auch als Zutat für Fisch-, Fleisch- oder Gemüsegerichte. Das nebenstehende Gericht beweist, daß sie sich auch mit Zwiebeln, Knoblauch und Chillies gut verträgt.

Original »kreolisch« wird der Fisch höchst attraktiv auf Bananenblättern serviert, wie auf den Seychellen üblich. Diese interessante Regionalküche hat zwar einiges von ihren französischen und englischen Kolonialherren übernommen, wurde aber besonders stark von der indischen Küche beeinflußt, obwohl nur ganz wenige Inder auf den Inseln leben.

2 Zwiebeln, 2 Knoblauchzehen, 3 EL Öl
2 ganze Sternanis, 1 Zimtstange, 6 Gewürznelken
50 g frische Ingwerwurzel, 1 TL Salz
1 EL Zucker, 2 rote Chilischoten

1. Den Fisch schuppen, ausnehmen, innen und außen sorgfältig waschen, trockentupfen. Die Bauchhöhle salzen, pfeffern, die Pfefferminze- und Korianderzweige hineinlegen.

2. Die Ananas schälen und verbliebene »Augen« ausstechen. Die Frucht längs vierteln, den holzigen Strunk entfernen und die Viertel quer in Stücke schneiden. In einen Topf geben und mit dem braunen Zucker und dem Kurkumapulver bestreuen. So viel Wasser zugießen, daß sie bedeckt sind, und im offenen Topf 10 Minuten

kochen, abtropfen lassen. Die Zwiebeln und den Knoblauch schälen und fein hacken. Das Öl in einem Wok oder einer großen Pfanne erhitzen. Die Zwiebel- und die Knoblauchwürfel, Sternanis, die Zimtstange und die Nelken dazugeben und unter Rühren 2 Minuten anschwitzen. Die Ingwerwurzel schälen, fein reiben und mit 1 Tasse Wasser sowie mit dem Salz und dem Zucker zu der Zwiebelmischung geben. 3 bis 4 Minuten garen. Die Chilischoten längs halbieren, Samen und Scheidewände entfernen und mit den abgetropften Ananasstücken in den Wok geben, 3 bis 4 Minuten ziehen lassen.

3. Für den Job Gris die Hühnerbrühe in einer Fischkasserolle erhitzen, die gehackten Frühlingszwiebeln, die Pfefferkörner und die Petersilien-

wurzel zugeben und aufkochen. Den Fisch hineinsetzen, den Sud einmal kurz aufwallen lassen, die Hitze sofort zurückschalten und knapp unter dem Siedepunkt halten. Ist der Fisch nicht ganz von der Brühe bedeckt, mit einem Leinentuch abdecken. In wenigen Minuten garziehen lassen. Spätestens nach 4 Minuten die Garprobe machen: Der Fisch ist gar, sobald sich die große Rückenflosse leicht herausziehen läßt. Sofort anrichten und mit der gewürzten Ananas servieren.

Die Kokospalme und das Meer liefern die wesentlichen Produkte für die Küche des Süden Indiens und Sri Lankas.

Garnelen in gewürzter Kokossauce

DIE KÜCHE AUS INDIENS SÜDEN IST ZWAR KRÄFTIG GEWÜRZT, ABER SEHR BEKÖMMLICH.

Indisch kochen heißt, wie bei allen orientalischen Gerichten, zuerst die entsprechenden Zutaten besorgen. Meist sind es die Gewürze, die aber der Supermarkt um die Ecke nicht vorrätig hat. Diese muß man sich, will man einigermaßen »original« kochen, aus einem Spezialgeschäft oder einer Asienabteilung eines Kaufhauses besorgen.

24 Garnelenschwänze (Handelsgröße 21-25, 26-30)
Für die Marinade:
1 Knoblauchzehe, 10 g Ingwer
1 TL Tamarindenmark, mit 80 ml Wasser verrührt
2 rote Chilischoten
1/2 TL Kurkuma (Gelbwurz), 1 TL Salz
Für die Kokossauce:
2 Knoblauchzehen, 2 grüne Chilischoten
30 ml Pflanzenöl
1/8 l Kokosmilch (aus der Dose)
1 EL gehacktes Koriandergrün, Salz
Außerdem:
Koriandergrün zum Bestreuen

1. Die Garnelen schälen, dabei das letzte Segment mit dem Schwanzfächer belassen. Den Darm entfernen. In eine Form legen.

2. Für die Marinade den Knoblauch und den Ingwer schälen und fein hacken. Das verrührte Tamarindenmark durch ein Sieb gießen und den Saft auffangen. Die Chilischoten halbieren, Samen und Scheidewände entfernen und das Fruchtfleisch fein würfeln. Alles zusammen mit der Kurkuma und dem Salz vermischen. Die Marinade über die Garnelen verteilen, zudecken und etwa 10 Minuten in den Kühlschrank stellen.

3. Für die Kokossauce den Knoblauch schälen und etwas zerdrücken. Die Chilischoten halbieren, Samen und Scheidewände entfernen und das Fruchtfleisch fein hacken. Die Garnelen aus der Marinade nehmen und gut abtropfen lassen. Das Öl in einer entsprechend großen Pfanne erhitzen und die Garnelen darin 1 bis 2 Minuten von beiden Seiten braten und herausnehmen. Den zerdrückten Knoblauch in die Pfanne geben und hellbraun braten. Die Kokosmilch zugießen, das Koriandergrün und die Chiliwürfel unterrühren und alles 5 Minuten köcheln lassen. Mit Salz abschmecken. Die Garnelen anrichten, mit der Sauce begießen und mit Koriandergrün garnieren.

Fisch mit Reis und Joghurtsauce

FRISCHER FISCH UND SCHARFE SAUCE GEHÖREN
IN DER KÜCHE DES FRÜHEREN CEYLON ZUSAMMEN.

Der Indische Ozean hat rund um die Insel eine reiche Auswahl an Fisch und Meeresfrüchten zu bieten. Was gerade im Netz ist, wird für ein Currygericht wie das folgende verwendet, und meist sind es kleine Fische. Am besten eignen sich allerdings weißfleischige Fische dazu.

600 g Filets von der Dorade, mit Haut
Salz, frisch gemahlener Pfeffer, 2 EL Öl
Für die Joghurtsauce:
4 TL schwarze Senfsamen, 1 TL Kreuzkümmel
1 Prise Salz, 4 rote Chilischoten
je 100 g grüne und rote Paprikaschote
3 EL Senföl, 200 ml Fischfond (siehe Seite 8)
300 g Joghurt (3,5 %), 1 TL gemahlene Kurkuma
1 EL Zitronenmelisse, in Streifen geschnitten

Außerdem:
200 g Langkornreis, 4 Bananenblätter
1 TL Zitronenmelisse, in Streifen geschnitten
1 TL Zwiebelsamen (Kalonji)

1. Die Fischfilets in mundgerechte Stücke schneiden. Salzen und pfeffern.

2. Den Reis in genügend Salzwasser körnig kochen, abseihen, beiseite stellen und warm halten.

3. Für die Joghurtsauce Senfsamen, Kreuzkümmel und Salz in einer elektrischen Kaffeemühle oder in einem Mixer fein vermahlen. Die Chili- und Paprikaschoten halbieren, Samen und Scheidewände entfernen, die Chillies in Streifen, die Paprika in etwa 1/2 cm große Würfel schneiden. 1 EL Senföl in einer Pfanne erhitzen, Chilistreifen und Paprikawürfel darin anschwitzen. Mit dem Fond aufgießen und bei geringer Hitze 5 Minuten köcheln lassen. Den Joghurt, die Kurkuma, die Gewürze aus der Mühle und das restliche Senföl gut unterrühren. Die Zitronenmelisse einstreuen und abschmecken. Die Sauce warm halten.

4. Das Öl in einer entsprechend großen Pfanne erhitzen und die Fischstücke darin 3 bis 4 Minuten unter gelegentlichem Wenden knusprig braten. Aus der Pfanne nehmen und unter die Sauce heben. Den Reis auf den Bananenblättern anrichten und darauf das Fischcurry verteilen. Mit einigen Zitronenmelissestreifen und Zwiebelsamen bestreuen und servieren.

Die Fangmethoden in Sri Lanka sind teilweise sehr traditionell, wenn zum Beispiel große Schleppnetze mit kleinen Booten ausgebracht werden. Mit vereinten Kräften ziehen die Fischer des Dorfes dann das Netz an Land.

Mangrovenkrabben
werden vor dem
Verkauf gefesselt, da
sie sehr wehrhaft sind.
Binsenstengel oder
andere Pflanzenfasern
werden dazu sehr
schnell um Beine und
Scheren gewickelt.

Gefüllte Krabben

DIE AUS DEN SUMPFGEBIETEN STAMMENDEN MANGROVENKRABBEN SIND DAFÜR IDEAL.

Die asiatischen Mangrovenkrabben gibt es auf den europäischen Märkten nur selten. Ein guter Ersatz sind die Blue crabs von der amerikanischen Atlantikküste, die kalifornischen Dungeness crabs oder europäische Taschenkrebse. Interessant für den europäischen Gourmet ist die in Asien häufig angewandte Kombination von Fisch oder Meeresfrüchten mit Fleisch. In diesem Rezept ist es Schweinefleisch, das mit Crabs gemischt wird.

4 Mangrovenkrabben (je etwa 400 g)
Für die Füllung:
300 g mageres Schweinefleisch
1 TL Salz, 1/3 TL frisch gemahlener schwarzer Pfeffer
2 Knoblauchzehen
100 g Frühlingszwiebeln
1 EL frisch geriebener Ingwer
2 EL Fischsauce (Nam pla)
2 EL helle Sojasauce
2 Eier

Phan nga bay
heißt diese malerische
Bucht Thailands. Hier
wachsen Mangrove-
pflanzen, die mit ihren
Luft- und Stelzwurzeln das
sumpfartige Vegetations-
bild ausmachen.

Außerdem:
50 g Zwiebel
250 g frische Bambussprossen (oder aus der Dose)
1/4 l Erdnußöl oder Pflanzenöl
1/4 l Fischfond
Salz
helle Sojasauce
1 EL gehacktes Koriandergrün

1. Die lebenden Crabs in sprudelnd kochendes Wasser legen und nach höchstens 2 Minuten herausnehmen. Die Unterseite der Crabs mit den Beinen herausbrechen, damit die obere Schale als Behältnis übrig bleibt. Die Verdauungsorgane

entfernen, das Fleisch und den Corail für die Füllung verwenden. Die Scheren mit dem Küchenbeil anknacken und das Fleisch herausholen; es sollten 300 bis 400 g sein. Alles zusammen mit dem Schweinefleisch durch die feine Scheibe des Fleischwolfs drehen und in eine große Schüssel geben. Mit Salz und Pfeffer würzen.

2. Die Knoblauchzehen schälen, die Frühlingszwiebeln putzen und beides fein hacken. Mit dem Ingwer zu der Krabben-Fleisch-Mischung geben und alles zu einer glatten Farce verarbeiten. Mit Fisch- und Sojasauce würzen. Die Eier unterarbeiten. Die Füllung in die Krabbenschalen geben.

3. Die Zwiebel schälen und fein hacken. Die Bambussprossen in Streifen schneiden. Das Öl im Wok erhitzen und die gefüllten Krabben nacheinander jeweils 2 Minuten unter mehrmaligem Wenden garen. Warm stellen. Das Öl bis auf 1 EL abgießen und die Zwiebelwürfel darin hell anschwitzen. Die Bambussprossenstreifen 2 bis 3 Minuten mitdünsten. Die gefüllten Krabben nebeneinander daraufsetzen und mit dem Fischfond übergießen. Bei geringer Hitze die Krabben und das Gemüse langsam garen. Das dauert 5 bis 8 Minuten. Mit Salz und etwas heller Sojasauce nachwürzen. Auf Teller anrichten und mit Koriandergrün bestreuen.

Scharfes Filet vom Emperor

EIN SNAPPER DER EXTRAKLASSE, DER IM INDOPAZIFIK HÄUFIG GEFANGEN WIRD UND QUALITATIV DEM RED SNAPPER GLEICHKOMMT.

Die Filets vom Emperor (*Lutjanus sebae*) sind eine Delikatesse für sich. Ihr weißes, festes Fleisch ist zur Freude aller mit wenigen und dabei noch großen Gräten ausgestattet. Das Fleisch schmeckt gebraten besonders fein und lädt zu

Kelongs, so heißen die Pfahlbauten, sind wirksame Fisch-fallen entlang den Küsten von Thailand und Malaysia. Sie werden immer weniger, denn die Fangmethoden werden moderner, und an den Stränden braucht man Platz für die zahlreichen Touristen.

Auf einem Bananen-blatt serviert, kommt der exotische Charakter dieses Gerichtes gut zum Ausdruck.

vielfachen Geschmackskombinationen ein. Bei diesem Rezept wird mit Chili nicht gespart, was dem Gericht eine feurige Note verleiht. In frischer Butter gebraten, was zwar so gar nicht asiatisch ist, schmeckt der Fisch wirklich am besten, und das Butteraroma harmoniert auch gut mit Ingwer und Chilischoten.

4 Filets vom Emperor (je 250 g)
Saft von 1 Limette, 1 TL Salz
1 EL frisch geriebener Ingwer
150 g gelbe Paprikaschote
150 g grüne Paprikaschote
150 g rote Paprikaschote
2 rote Chilischoten
60 g Schalotten
60 g Butter

1. Die Filets mit einigen Tropfen Limettensaft beträufeln, salzen und mit ganz wenig frisch geriebenem Ingwer würzen.

2. Die Paprikaschoten halbieren, von Samen und Scheidewänden befreien und das Fruchtfleisch in kleine Würfel schneiden. Die Chilischoten halbieren, ebenfalls von Samen und Scheidewänden befreien und das Fruchtfleisch ganz fein hacken. Die Schalotten schälen und in ganz feine Würfel schneiden.

3. In einer entsprechend großen Pfanne 20 g Butter erhitzen und darin die Paprikawürfel anschwitzen. Die Chili- und Schalottenwürfel zugeben und mitschwitzen. Die Mischung herausnehmen und warm stellen.

4. Die restliche Butter in der Pfanne zerlassen und die vorbereiteten Fischfilets von beiden Seiten hellbraun braten.

5. Die gebratenen Fischfilets auf vorgewärmte Teller anrichten und die Paprikamischung darübergeben. Als Beilage passen Safranreis und gebratene Cocktailtomaten.

Languste in Gemüsereis

DIE THAILÄNDISCHE KÜCHE IST LEICHTER, BUNTER UND VIELFÄLTIGER ALS DIE ÜBRIGEN KÜCHEN ASIENS.

Langusten gibt es entlang der Küste zwar nicht im Überfluß, aber sie sind erschwinglich und vor allem topfrisch, ebenso wie das Gemüse vom Markt. So exotisch es auch aussehen mag, die Zutaten für das folgende Rezept sind in einschlägigen Läden inzwischen auch bei uns alle zu haben – vielleicht nicht ganz so frisch. Und wenn die Langusten bei uns zu teuer sind, kann man auf tiefgefrorene Garnelen ausweichen, denn diese schmecken in dem Gemüsereis auch vorzüglich.

1 Languste (etwa 1,5 kg)
Für den Gemüsereis:
120 g Möhren
80 g Stangensellerie
80 g Frühlingszwiebeln
8 g frische Ingwerwurzel, 2 Knoblauchzehen
200 g grüne Paprikaschote

2 orangefarbene Chilischoten, 200 g Tomaten
3 EL Erdnußöl, 200 g Langkornreis
400 ml Fischfond (siehe Seite 8)
100 ml Kokosmilch
Salz, 1 EL gehacktes Koriandergrün
Außerdem:
einige Korianderblättchen zum Bestreuen

1. Die Languste in sprudelnd kochendes Salzwasser legen, 2 Minuten kochen, die Hitze reduzieren und in 30 Minuten garziehen lassen. Herausheben. Die Languste am Brustpanzer packen und den Schwanz drehend herausziehen. Den Langustenschwanz der Länge nach halbieren, den Darm entfernen und das Schwanzfleisch mit der Schale in etwa 3 cm große Stücke schneiden.

2. Die Möhren schälen und klein würfeln. Den Stangensellerie putzen und in kleine Würfel schneiden. Die Frühlingszwiebeln putzen und in Ringe schneiden. Den Ingwer und den Knoblauch schälen und fein würfeln. Die Paprikaschote und die Chilischoten halbieren, Samen und Scheidewände entfernen, die Paprikaschote in 1/2 cm große Würfel, die Chilischoten in dünne Streifen schneiden. Die Tomaten blanchieren, häuten, Stielansatz und Samen entfernen und das Fruchtfleisch in Würfel schneiden.

3. Das Öl in einem Topf erhitzen und die Möhren- und Selleriewürfel darin hell anschwitzen. Die Frühlingszwiebelringe, die Ingwer-, Knoblauch- und Paprikawürfel kurz mitandünsten. Den Reis unter Wenden mitbraten, bis er glasig ist. Die Chilistreifen und die Tomatenwürfel einrühren. Mit dem Fond und der Kokosmilch aufgießen, aufkochen lassen. Zudecken und bei geringer Hitze etwa 20 Minuten köcheln lassen, bis der Reis gar ist. Mit Salz abschmecken und das Koriandergrün einstreuen. In den letzten 5 Minuten der Garzeit die Langustenstücke zufügen. Mit Korianderblättchen bestreuen und servieren.

Die Gemüseauswahl auf thailändischen Märkten ist höchst imposant, denn das Land produziert so gut wie alles, vom Kohlkopf bis zu den kleinen, scharfen Chillies, die diese Küche so »scharf« machen.

Gedämpfter Papageifisch

PARROTFISH, NACH DER TRADITIONELLEN
CHINESISCHEN METHODE GEDÄMPFT.

Papageienfische sind sehr farbenprächtig. Von dem Rotschwanz-Papageienfisch (*Sparisoma chrysopterum*) ist links oben ein Weibchen und links in der Mitte ein Männchen abgebildet. Rechts unten liegt ein Stoplight-Parrotfish (*Sparisoma viride*). Der rechts in der Mitte liegende Atlantische Schweinsfisch (*Bochianus rufus*) gehört allerdings zu den Lippfischen.

Die Korallenriffe der tropischen Meere sind der Lebensraum für viele Fische, die eine schöne Färbung aufweisen. Dazu gehören die Papageienfische aus der artenreichen Familie der Scaridae. Nicht nur ihr buntes Schuppenkleid, sondern auch die zu einem Papageienschnabel verwachsenen Zähne, mit denen sie ihre Nahrung aus den Korallen herauskratzen, erinnern an die gleichnamigen Vögel. Papageienfische werden meist in Portionsgrößen zwischen 600 und 800 g angeboten, weshalb sie sich ideal für eine Zubereitung im ganzen eignen. Ihr Fleisch ist relativ weich.

Dämpfen nach chinesischer Art. Die Fische werden in den typischen Dämpfkörben über kochendem Wasser in kurzer Zeit sanft gegart. Wenn kein solcher Korb zur Verfügung steht, ist ein Dämpftopf mit einem großen Gitter (oder Locheinsatz) ein guter Ersatz.

2 Papageienfische (je etwa 800 g), Salz, Pfeffer
2 Zweige Koriandergrün, 8 Scheiben frischer Ingwer
Für die Sauce:
60 g Frühlingszwiebeln, 1 rote Chilischote
4 g frische Ingwerwurzel
4 g Zitronengras (Lemongras), 150 ml Weißwein
100 ml Fischfond (siehe Seite 8), 2 EL Weißweinessig
160 g eiskalte Butter, in Stücken
Salz, frisch gemahlener Pfeffer
etwas helle Sojasauce, 1 EL geschlagene Sahne
Für das Gemüse:
100 g Zwiebeln, 200 g Lauch
120 g Stangensellerie, 200 g Möhren

1. Den Fisch innen und außen unter fließendem Wasser waschen, trockentupfen. Die Bauchhöhle

salzen und pfeffern. Je 1 Zweig Koriandergrün und 2 Ingwerscheiben einlegen. Kühl stellen.

2. Für die Sauce die Frühlingszwiebeln putzen und fein hacken. Die Chilischote halbieren, Samen und Scheidewände entfernen und das Fruchtfleisch in feine Streifen schneiden. Den Ingwer schälen und fein hacken. Das Zitronengras fein hacken. Alle Zutaten in einen entsprechend großen Topf geben. Wein, Fond und Essig zugießen. Aufkochen und bei geringer Hitze auf etwa 80 ml reduzieren. Durch ein Sieb in eine Kasserolle gießen. Erneut erhitzen, vom Herd nehmen und die eiskalten Butterstücke nacheinander mit dem Schneebesen einrühren. So lange rühren, bis die Butter geschmolzen ist und sich

mit der Sauce gut verbunden hat. Mit Salz, Pfeffer und Sojasauce abschmecken. Vor dem Anrichten mit dem Stabmixer aufschlagen und die Schlagsahne unterziehen.

3. Das Gemüse putzen beziehungsweise schälen. Zwiebeln, Lauch und Sellerie in feine Scheiben, Möhren in feine Stifte schneiden. Auf das Gitter eines großen Dämpftopfes legen und die Fische darauf plazieren. Über den Topf mit kochendem Wasser setzen, zudecken, die Hitze reduzieren und den Fisch in 10 bis 12 Minuten garen.

4. Den Fisch im ganzen oder filetiert servieren. Mit dem Gemüse und der Sauce anrichten. Als Beilage paßt körnig gekochter Reis.

Chili crabs

DIE ASIATISCHE MANGROVENKRABBE WIRD DAFÜR VERWENDET. EIN GUTER ERSATZ SIND EUROPÄISCHE TASCHENKREBSE.

Die Crabs mit einem chinesischen Küchenbeil von der Unterseite aufbrechen, damit der Inhalt der Oberschale freiliegt.

Ein typisches Gericht der Nonya-Küche aus Singapur. Das ist eine Mischung aus chinesischer Kochkunst mit malaiischem Einfluß und vor allem den Produkten dieser Region. Die Chili crabs werden meist auf zwei verschiedene Arten zubereitet. Entweder wie in diesem Rezept nur mit Chili, Ingwer und Sojasauce oder zusätzlich mit pürierten Tomaten und etwas mehr Zucker.

4 Mangrovenkrabben (je 400 g) oder Taschenkrebse
1 TL Salz, frisch gemahlener Pfeffer
Mehl zum Wenden
100 ml Pflanzenöl zum Fritieren
Für die Sauce:
50 g Frühlingszwiebeln
3 Knoblauchzehen
1 bis 2 Chilischoten
1 TL Zucker
2 EL helle Sojasauce
1 EL frisch geriebener Ingwer
1/4 l Hühner- oder Fischfond (siehe Seite 8)

Die lebenden Crabs nacheinander in sprudelnd kochendes Wasser legen und nach 2 Minuten herausnehmen. Die Krebse aufbrechen, auslösen und zubereiten, wie links außen und in der Bildfolge beschrieben. Die in Mehl gewendeten Krebsstücke im Wok im auf 180 °C erhitzten Fett 5 bis 6 Minuten fritieren. Herausnehmen und das Fett ausgießen. Inzwischen die Frühlingszwiebeln fein hacken und die Knoblauchzehen zerdrücken. Die Chilischote halbieren, Samen und Scheidewände entfernen und das Fruchtfleisch ganz fein hacken. In dem im Wok verbliebenen Öl die Frühlingszwiebeln und den Knoblauch hell anschwitzen, die Chiliwürfel

zufügen und kurz mitschwitzen. Mit Zucker, Sojasauce und Ingwer würzen. Den Fond auf einmal zugießen und die Mischung etwa 1 Minute reduzieren. Die Krebsstücke einlegen und bei schwacher Hitze 4 bis 5 Minuten simmern lassen. Die Chili crabs mit körnig gekochtem Reis servieren.

Die Verdauungsorgane aus den Schalen entfernen. Das Fleisch und den Corail darin lassen und mitgaren.

Die Scheren mit dem Küchenbeil anknacken, damit sie Risse bekommen und schneller und gleichmäßiger garen.

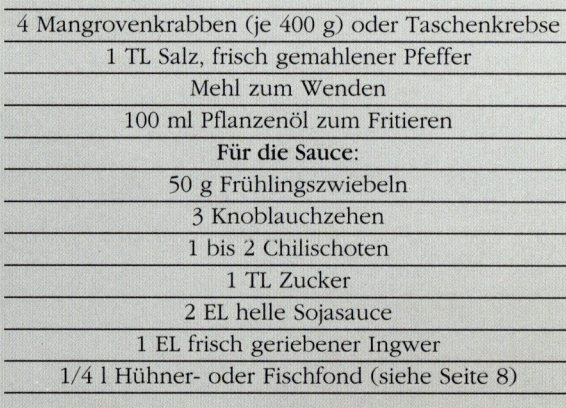

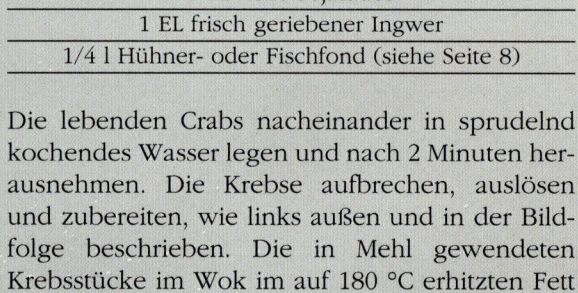

Die zerteilten Crabs salzen und pfeffern. Alle Stücke (Schalen mit Inhalt, Beine und Scheren) in Mehl wenden.

Die vorbereiteten Crabs in den gewürzten Sud legen und bei mittlerer Hitze etwa 5 bis 6 Minuten garen.

Kingfish
und Papayagemüse

DIE FACETTENREICHE KÜCHE DER PHILIPPINEN IST GERADEZU EINE FUNDGRUBE FÜR NEUE REZEPTIDEEN.

Will man solch exotische Rezepte exakt nachvollziehen, wird man oft wegen der Verfügbarkeit der einzelnen Produkte an Grenzen stoßen. Da muß man nicht kapitulieren, sondern versuchen, die fehlenden Zutaten durch heimische zu ersetzen. Das kann höchst interessante kulinarische Ergebnisse liefern. So ist etwa die Gemüsepapaya nicht immer zu haben, doch man kann auch auf unreife, grüne Papayas ausweichen, die zwar ein anderes, aber kein schlechtes Ergebnis bringen.

800 g Filets vom Kingfish
Für das Papayagemüse:
150 g Schalotten, 3 Knoblauchzehen
100 g frische Ingwerwurzel, 3 bis 4 rote Chilischoten

Zitronengras, Limettensaft und Koriandergrün verleihen diesem Fischgericht seine besondere Würzung. Körnig gekochter Reis ist die passende Beilage.

Der Kingfish aus den Gewässern um die philippinischen Inseln kommt in Europa selten auf den Markt. Das Filet vom Bonito kann ihn aber einigermaßen ersetzen.

2 bis 3 Stengel Zitronengras (Lemongras)
2 bis 3 EL Pflanzenöl
1 TL Koriandersamen
1 TL Shrimpspaste
2 TL Kurkuma
Salz, frisch gemahlener weißer Pfeffer
1/2 l Fischfond (siehe Seite 8) oder Wasser
450 g Gemüsepapaya
1 EL gehackte Kräuter (Minze, Koriandergrün)
1 TL Limettensaft
Außerdem:
2 EL frisch geriebene Kokosnuß

1. Die Fischfilets mit einem scharfen Messer in mundgerechte Stücke schneiden.

2. Die Schalotten und den Knoblauch schälen und fein hacken. Den Ingwer schälen und in feine Scheiben schneiden. Die Chilischoten halbieren, Samen und Scheidewände entfernen und das Fruchtfleisch in Streifen schneiden. Das Zitronengras in mundgerechte Stücke schneiden.

3. Das Öl in einem entsprechend großen Topf erhitzen, die Schalotten und den Knoblauch darin hell anschwitzen. Den Ingwer, die Chilistreifen, die Zitronengrasstücke, die Koriandersamen, die Shrimpspaste und die Kurkuma kurz mitschwitzen. Mit Salz und Pfeffer würzen. Die Fischstücke einige Minuten mitbraten. Den Fisch herausnehmen und beiseite stellen.

4. Den Fond in den Topf gießen und aufkochen. Die Papayastücke schälen, halbieren, mit einem Löffel die Samen entfernen und das Fruchtfleisch in etwa 1,5 cm große Stücke schneiden. Die Papaya in den Topf geben, zudecken und 20 bis 25 Minuten köcheln lassen. In den letzten 3 bis 4 Minuten die Fischstücke wieder zugeben. Die Kräuter und den Limettensaft einrühren und erneut abschmecken. Mit geriebener Kokosnuß bestreuen und servieren.

Snapperfilets im Bananenblatt

EINE GARMETHODE, BEI DER DAS AROMA VON FISCH UND GEWÜRZEN KONZENTRIERT ERHALTEN BLEIBT.

Für dieses Rezept muß man im Asienladen einkaufen. Dort bekommt man die nötigen Zutaten, von den Gewürzen bis zu den Bananenblättern.

Die Bananenblätter auf eine Arbeitsfläche legen. Je 1 Fischfilet darauf plazieren und mit Gewürzpaste bestreichen. Die Filets in die Blätter einschlagen. Mit Zahnstochern fixieren.

4 Filets von Snapper, Grouper oder Dorade (je 180 g)
2 EL Pflanzenöl, 200 ml Fischfond (siehe Seite 8)
Für die Gewürzpaste:
3 rote Chilischoten, 3 Knoblauchzehen
60 g Schalotten, 4 cm frische Ingwerwurzel
1 EL Tamarindenmark, mit etwas Wasser verrührt
1 TL Kurkuma, 1 TL Koriandersamen
100 g Tomaten, gehäutet, ohne Samen
20 Candlenuts oder Macadamianüsse
1 TL Shrimpspaste, 2 EL Pflanzenöl, Salz
Für das Gemüse:
50 g Zwiebel, 1 rote Chilischote, 100 g Möhren
100 g Maiskölbchen, 50 g Stangensellerie
100 g kleine, runde Auberginen
50 g Bambussprossen aus der Dose
2 EL Erdnußöl, 150 ml Gemüsefond
Salz, 1 EL gehacktes Koriandergrün

Mit kleinen Auslegerbooten bringen die Fischer der Sunda-Inseln ihre Fänge ein. Vor allem Fische aus der Snapper-Familie (Lutjanidae) mit besonders feinem weißen Fleisch. Dazu gehören etwa der Red snapper, der große Emperor, der Malabar-Snapper und der Blackspot.

Außerdem:
4 zurechtgeschnittene Bananenblätter (25 x 25 cm)
8 Zahnstocher

Für die Gewürzpaste die Chilischoten halbieren, Samen und Scheidewände entfernen. Den Knoblauch, die Schalotten und den Ingwer schälen und alles klein schneiden. Das Tamarindenmark durch ein Sieb gießen und ausdrücken. Den aufgefangenen Saft, die Tomaten, alle Gewürze, die Nüsse und die Shrimpspaste im Mixer fein pürieren. Das Öl in einer Pfanne erhitzen, die pürierten Zutaten darin goldgelb schwitzen, abschmecken und erkalten lassen. Die Bananenblätter füllen, wie gezeigt. Das Öl im Wok erhitzen, die gefüllten Bananenblätter einlegen, den Fond aufgießen und in etwa 5 Minuten garen, herausnehmen. Parallel dazu das Gemüse zubereiten. Dafür die Zwiebel schälen und in dünne Scheiben schneiden. Die Chilischote ohne Samen in dünne Streifen schneiden. Die Möhren schälen und in dünne Scheiben schneiden. Die Maiskölbchen halbieren. Den Sellerie in Scheiben schneiden. Die Auberginen vom Stielansatz befreien und vierteln. Die Bambussprossen in Scheiben schneiden. Das Öl im Wok erhitzen, Zwiebelscheiben und Chilistreifen darin kurz anbraten. Das Gemüse in der Reihenfolge der Zutatenliste im 2-Minuten-Abstand zugeben und pfannenrühren. Den Fond aufgießen, 2 Minuten köcheln lassen, abschmecken und mit Koriandergrün bestreuen. Die Bananenblätter öffnen und mit dem Gemüse anrichten.

Fisch, Garnelen und Bananen

EIN EXOTISCH GEWÜRZTES RAGOUT MIT GEMÜSEBANANEN UND KOKOSMILCH.

Welche Fischsorte – ob Juwelenbarsch, Grouper oder Snapper – man verwenden sollte, richtet sich nach dem jeweiligen Marktangebot. Am besten verlangt man gleich Filets.

1 Juwelenbarsch (etwa 600 g), ausgenommen
12 Garnelenschwänze, geschält
100 g Zwiebeln
2 Knoblauchzehen
je 1 rote und grüne Chilischote, 5 g Galgant
4 g Zitronengras (Lemongras)
600 g noch feste Kochbananen

150 g rote Paprikaschote, 2 EL Erdnußöl
1 TL gemahlene Kurkuma (Gelbwurz)
2 TL edelsüßes Paprikapulver
1/4 TL gemahlene Koriandersamen
1/4 TL gemahlener Kreuzkümmel
400 ml Kokosmilch, 200 ml Gemüsefond
Salz, frisch gemahlener Pfeffer
1 TL Koriandergrün
Außerdem:
Koriandergrün zum Garnieren

1. Den Fisch filetieren, die Haut abziehen und in mundgerechte Stücke schneiden.

2. Die Zwiebeln und den Knoblauch schälen und fein hacken. Die Chilischoten halbieren, Samen und Scheidewände entfernen und das Fruchtfleisch in Streifen schneiden. Den Galgant schälen und fein hacken. Das Zitronengras in Ringe schneiden. Die Bananen schälen und in 2 cm große Stücke schneiden. Die Paprikaschote halbieren, Samen und Scheidewände entfernen, das Fruchtfleisch in 1 cm große Stücke schneiden.

3. Das Öl in einem Wok erhitzen und die Zwiebeln und Knoblauch darin hell anschwitzen. Alle Gewürze mitbraten, bis sie anfangen zu duften. Die Kokosmilch und den Fond aufgießen und die Hitze reduzieren.

4. Zuerst die Bananenstücke, dann die Paprikastücke in den Wok geben, zudecken und 10 Minuten köcheln lassen. Mit Salz und Pfeffer abschmecken und das Koriandergrün einstreuen. Die Garnelen zugeben und 3 Minuten köcheln. Die Fischstücke untermischen und weitere 2 Minuten garen. Mit Koriandergrün garnieren.

Beide Bananensorten, die Obst- und die Kochbananen, haben in den Regionalküchen Südostasiens große Bedeutung. Entsprechend reichhaltig sind sie auch auf den Märkten vertreten wie hier in Klungkung, Bali.

Meerbrassen in würziger Sauce

FISCHE, DIE ETWA EIN HALBES KILO SCHWER SIND, HABEN DAS IDEALGEWICHT FÜR DIESE GARMETHODE.

Zwei Fische dieser Größe werden für vier Portionen gebraucht, und bei Brassen und Snapper gibt es in dieser Gewichtsklasse auf asiatischen und europäischen Märkten eine große Auswahl.

2 Meerbrassen (je 500 bis 600 g), ausgenommen
Salz, frisch gemahlener Pfeffer
Mehl zum Bestauben, 80 ml Erdnußöl
Für die Sauce:
1 kleine rote Chilischote, 1 kleine grüne Chilischote
2 Knoblauchzehen, 20 g frische Ingwerwurzel
5 g Zitronengras (Lemongras), 1 EL Erdnußöl
200 ml Tomatensauce
50 ml Fischfond (siehe Seite 8)
2 EL dunkle Sojasauce, 1 TL Limettensaft
1 TL Palmzucker, Salz

Der Fischreichtum des Südchinesischen Meeres findet sich in der Küche der Küstenprovinzen wieder. Mit den Früchten des Meeres versteht man dort gut umzugehen.

Fische, die im ganzen zubereitet werden, kommen in China auch im ganzen auf den Tisch. Dazu paßt körnig gekochter Reis sehr gut.

80 g Zuckerschoten, 2 Frühlingszwiebeln
1 TL gehacktes Koriandergrün

1. Die ausgenommenen Meerbrassen schuppen und unter fließendem kalten Wasser innen und außen sorgfältig waschen, mit Küchenpapier trockentupfen. Die Bauch- und Seitenflossen mit einer Schere abschneiden. Die Meerbrassen mit einem scharfen Messer mehrere Male auf beiden Seiten schräg bis knapp vor der Mittelgräte einschneiden (»ziselieren« nennt das der Fachmann), so braten die Fische durch. Mit Salz und Pfeffer würzen. Gleichmäßig dünn mit Mehl bestauben und das überschüssige Mehl wieder abklopfen.

2. Für die Sauce die Chilischoten längs halbieren, Samen und Scheidewände entfernen und das Fruchtfleisch in feine Streifen schneiden. Die Knoblauchzehen schälen und fein hacken. Die Ingwerwurzel schälen und fein reiben. Das Zitronengras in feine Ringe schneiden.

3. Das Öl für die Sauce im Wok erhitzen. Die Chilistreifen und die Knoblauchwürfel darin hell angehen lassen. Den Ingwer und das Zitronengras zugeben, mit der Tomatensauce und dem Fischfond aufgießen und aufkochen lassen. Mit der Sojasauce, dem Limettensaft, dem Palmzucker und dem Salz abschmecken.

4. Die Zuckerschoten putzen und in Rauten schneiden. In Salzwasser blanchieren, herausnehmen und kurz in Eiswasser abschrecken (damit sie ihre Farbe behalten). Die Frühlingszwiebeln putzen und in 2 cm lange Stücke schneiden. Beides in die Sauce geben und kurz erhitzen. Das Koriandergrün einstreuen.

5. Das Öl im Wok erhitzen und die Meerbrassen nacheinander von beiden Seiten in je 4 Minuten knusprig braun braten. Herausnehmen, abtropfen lassen und mit der Sauce auf Teller anrichten. Je nach Belieben noch mit etwas gehacktem Koriandergrün bestreuen.

Die Kanton-Küche
kennt eine Vielfalt von
Fischbällchen, und,
wie in China üblich,
kann man solche
Produkte bereits fertig
kaufen. Bei diesem
Händler in Hongkong
kann unter verschieden
gewürzten Garnelen-
oder Fischbällchen
gewählt werden.

Fischbällchen

SIE WERDEN FÜR SUPPEN, CURRIES, GEBRATENE ODER GESCHMORTE GERICHTE VERWENDET.

Die kleinen, zarten Bällchen aus gehacktem Fisch sind in den Küchen fast aller chinesischen Provinzen vertreten. An der Küste werden vor allem Mischungen aus Fisch und Garnelen zubereitet, und im Binnenland bestehen sie meist aus Süßwasserfischen (vor allem Graskarpfen). Auch die Würzung der Fischbällchen ist von Region zu Region verschieden. Dieses Rezept stammt aus dem Süden, von der Insel Hainan, und dort werden die Bällchen relativ pikant gewürzt.

400 g Filet vom Grouper oder Zackenbarsch
1 EL Reiswein, 2 cm frische Ingwerwurzel
40 g Frühlingszwiebeln
1/8 l Wasser, 1/2 TL Salz, 1 Eiweiß
1 TL Currypulver, 50 g frisch geriebene Kokosraspel
1 grüne Chilischote, ohne Samen
1 EL gehackte Pfefferminze
1 EL Pflanzenöl
Für die Brühe:
1 l Fischfond (siehe Seite 8)
30 g Frühlingszwiebeln
50 g Senfkohl-Pickles

1. Das Fischfilet in Stücke schneiden und in einen Mixer geben. Den Reiswein darübergießen. Den Ingwer schälen. Die Frühlingszwiebeln putzen. Beides fein hacken und über den Fisch durch eine Knoblauchpresse drücken, der Saft soll das Fleisch aromatisieren. Das Wasser und das Salz zufügen. Alles zu einer feinen Masse mixen. Das Eiweiß, das Currypulver, die Kokosraspel, die Chilischote und die Pfefferminze zugeben und nochmals mixen. Die Masse in eine Schüssel füllen. Das Öl unter die Fischmasse rühren und abschmecken.

2. Aus dem Teig kleine Bällchen formen. Den Fischfond in einem entsprechend großen Topf aufkochen, die Bällchen einlegen, die Hitze reduzieren und die Bällchen garziehen lassen, bis sie an die Oberfläche steigen.

3. Inzwischen die Frühlingszwiebeln putzen und fein hacken. Den Senfkohl in feine Streifen schneiden. Beide Zutaten zu den Fischbällchen geben und diese weitere 3 Minuten ziehen lassen.

4. Die Bällchen in der Brühe servieren.

Für Garnelenbällchen werden 200 g Fischfilet und 250 g Garnelenschwänze ohne Darm und Schale verwendet. Im übrigen sind Rezept und Zubereitung gleich, nur Currypulver, Kokosraspel und Pfefferminze sollte man ersatzlos streichen und dafür 1 EL gehacktes Koriandergrün zufügen. Die Garnelenbällchen können ebenfalls in der Brühe serviert werden. Sie lassen sich auch sehr gut tiefgekühlt lagern, wenn man sie zum Beispiel als Suppeneinlage aufbewahren will.

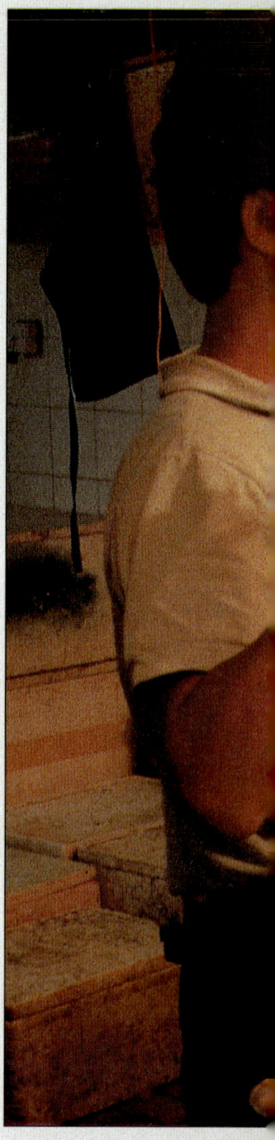

Garnelenreis

DIE KOMBINATION VON REIS UND KRUSTENTIEREN IST IN GANZ ASIEN BELIEBT.

Von diesem Garnelengericht gibt es sozusagen ein Basisrezept mit drei Hauptzutaten: Reis, Garnelen und Fleisch, wobei aber je nach Region mal Schweinefleisch, mal Geflügel verwendet wird. Die übrigen würzenden Zutaten wechseln nicht nur geographisch, sie werden auch oft vom aktuellen Marktangebot bestimmt.

200 g Langkornreis
1/2 TL Kurkuma
6 Schalotten, 3 Knoblauchzehen
150 g Hähnchenfleisch

250 g Garnelenschwänze, geschält	
1 EL Speisestärke, 4 Eier, 6 EL Öl	
200 g geraspelter Wirsing	
90 g Tomaten, gehäutet, grob gewürfelt	
Salz, 1 Chilischote	
je 3 Stengel glatte Petersilie und Schnittlauch	
Zum Garnieren:	
40 g Schalotten, 30 g Butter, etwas Thai-Basilikum	

1. Den Reis in Salzwasser bißfest kochen und mit Kurkuma würzen. Die Schalotten schälen, der Länge nach halbieren und in Scheiben schneiden. Die Knoblauchzehen schälen und ebenfalls in sehr feine Scheiben schneiden. Das Hähnchenfleisch klein schneiden und zusammen mit den Garnelenschwänzen in der Speisestärke wenden. Die Eier in einer Schüssel verquirlen.

2. Das Öl in einem Wok erhitzen. Die Schalotten und den Knoblauch darin 1 Minute goldgelb anschwitzen. Das Hähnchenfleisch zugeben und 1 Minute unter Rühren braten, herausnehmen und warm stellen. Die Garnelen ganz kurz anbraten. Das Fleisch wieder dazugeben, den Wirsing zufügen und 1 weitere Minute braten. Die Tomatenwürfel zugeben, salzen und alles gut miteinander vermischen. Die verquirlten Eier darübergießen und 30 Sekunden lang umrühren. Den Reis unterrühren. Die Hitze extrem hoch schalten und 3 Minuten kräftig pfannenrühren. Die Chilischote und die kleingeschnittenen Kräuter zugeben.

3. Für die Garnitur die Schalotten klein schneiden und in Butter anbraten. Zusammen mit dem feingeschnittenen Basilikum auf den Reis legen.

Chinesisch gekocht wird überall, wo sich Chinesen niederließen, vor allem in Südostasien. Aber sie sind flexibel und kreativ genug, um die heimischen Produkte in ihre Kochkunst einzubauen.

Geräucherte Pomfrets mit Gemüse

DER »SILVER POMFRET«, EIN IN ASIEN BEGEHRTER EDELFISCH, SCHMECKT AM BESTEN GERÄUCHERT.

Sein Fleisch ist fest und hat fast keine Gräten. Der Fisch läßt sich eigentlich nach allen Garmethoden zubereiten, besonders fein aber ist er geräuchert oder in der Pfanne gebraten, in reichlich Butter, ganz nach mitteleuropäischer Art. Für dieses Rezept kann man den Fisch in einem kleinen Räucherofen, der etwa so groß ist, daß zwei Forellen darin Platz finden, garen. Das geht natürlich nur nacheinander, und so müssen die fertigen Pomfrets in der Mikrowelle wieder erhitzt werden. Man kann sie aber auch mit Mehl bestauben und in der Pfanne braten.

4 Silver Pomfrets (je 400 g), ausgenommen
Salz, frisch gemahlener Pfeffer
4 Zweige Koriandergrün
Zum Räuchern:
1 EL Koriandersamen
1 EL schwarze Pfefferkörner, Räuchermehl
Für das Gemüse:
60 g Frühlingszwiebeln, 1 Knoblauchzehe
1 rote Chilischote, 40 g Stangensellerie, 60 g Möhren
100 g Pak-Choi, 350 g Shiitake-Pilze
2 EL Erdnußöl, 50 g Sojabohnensprossen
80 ml Gemüsefond, 2 EL helle Sojasauce
2 EL Reiswein, Salz, frisch gemahlener Pfeffer
1/2 TL Speisestärke, 1 TL gehacktes Koriandergrün
Außerdem:
1 TL chinesischer Schnittknoblauch, in Röllchen

1. Die Fische gründlich unter fließendem kalten Wasser waschen. Innen und außen salzen und pfeffern. In die Bauchhöhlen jeweils 1 Zweig Koriandergrün geben.

Geräuchert und mit chinesischem Gemüse. Eine ganz feine Kombination, die man noch durch körnig gekochten Reis ergänzen kann. Ein Stück frisches, knuspriges Weißbrot schmeckt aber auch bestens dazu.

2. Zum Räuchern die Koriandersamen und die Pfefferkörner im Mörser zerstoßen und mit der vom Hersteller des Geräts vorgeschriebenen Menge Räuchermehl vermischen. In den Räuchertopf geben. Die Fische auf den Rost legen und das Gerät mit dem Deckel verschließen. Die Heizquelle einschalten oder anzünden und die Hitze nach Vorschrift des Herstellers regulieren. Durch die Hitze verkohlt das Räuchermehl und in dem sich entwickelnden Rauch gart der Fisch, gleichzeitig erhält er seine goldene Farbe und den unverwechselbaren Geschmack. Die Fische in etwa 20 Minuten räuchern.

3. Die Frühlingszwiebeln putzen und in dünne Ringe schneiden. Den Knoblauch schälen und fein hacken. Die Chilischote halbieren, Samen und Scheidewände entfernen und das Fruchtfleisch in Streifen schneiden. Den Stangensellerie in feine Scheibchen schneiden. Die Möhren schälen und in feine Stifte, den Pak-Choi schräg in Streifen schneiden. Von den Pilzen die harten Stiele abschneiden und die Pilze je nach Größe ganz lassen oder halbieren.

4. Das Öl im Wok erhitzen und zuerst die Frühlingszwiebelringe, die Knoblauchwürfel und die Chilistreifen darin anbraten. Die Selleriescheiben und die Möhrenstifte einige Minuten mitbraten. Die Pak-Choi-Streifen, die Sojasprossen und die Pilze kurz mitbraten. Mit dem Gemüsefond aufgießen. Mit der Sojasauce, dem Reiswein, Salz und Pfeffer abschmecken und 5 Minuten köcheln lassen. Die Speisestärke mit etwas Wasser anrühren und das Gemüse damit leicht binden. Das Koriandergrün einstreuen.

5. Die geräucherten Fische mit dem Gemüse anrichten, mit dem chinesischen Schnittknoblauch (Chinese chive) bestreuen und servieren.

Seafood-Spieße

GEHACKTES FLEISCH VON FISCH UND GARNELEN
WIRD AUF ZITRONENGRAS GESPIESST.

Eine asiatische Rezeptidee, die von den indonesischen »Sate-Spießchen« beeinflußt wurde, serviert mit einer kalten, scharfen Zwiebelsauce aus Japan. 2 bis 3 dieser Spieße reichen durchaus als Hauptgericht, wenn man einen kleinen Salat dazu serviert. Einzeln sind die Spieße ideale Snacks für zwischendurch. Normalerweise werden Bambusstäbchen als Spieße verwendet, aber die längs halbierten »Lemongras-Stengel« steuern mit ihrem zitronenartigen Geschmack ein weiteres, interessantes Aroma zu diesem Gericht bei.

300 g Grouper-Filets, ohne Haut und Gräten
300 g Garnelen, geschält
3 grüne Chilischoten
50 g frisch geriebene Kokosraspel
1 TL Shrimpspaste
1 TL Salz
1/2 TL grobgemahlene schwarze Pfefferkörner
2 TL brauner Zucker
6 Stengel Zitronengras (Lemongras)
100 ml Pflanzenöl

Für die scharfe Zwiebelsauce:
je 1 frische rote, grüne und gelbe Chilischote
100 g Zwiebeln
4 Knoblauchzehen
3 EL heller Reisessig
6 EL Wasser
3 EL Reiswein
6 EL Öl
Salz
Außerdem:
Koriandergrün zum Garnieren

Die einzelnen Teile zu dicken Platten von je 8 x 5 cm formen. Je einen halbierten Zitronengrasstengel in die Mitte legen und den Teig darüberklappen.

Die Stengel umwickeln. Dafür den Teig entweder auf der Arbeitsplatte rund rollen oder zwischen den Händen rund formen.

Alle Spieße fertigstellen, bevor sie portionsweise im gut erhitzten Öl unter ständiger Bewegung gebraten werden.

Für die Sauce die Chilischoten längs halbieren, Samen und Scheidewände entfernen, das Fruchtfleisch sehr fein hacken. Die Zwiebeln schälen und klein würfeln. Den Knoblauch schälen und in eine Schüssel pressen. Chillies und Zwiebeln zufügen. Den Essig mit dem Wasser aufkochen und mit dem Reiswein über die Chilimischung gießen. Das Öl unterrühren. Salzen und alles gut durchmischen. Kalt stellen. Das Fischfilet und die Garnelen in Stücke schneiden und im Mixer fein pürieren. Herausnehmen und in eine Schüssel geben. Die Chilischoten halbieren, Scheidewände und Samen entfernen und das Fruchtfleisch fein hacken. Zusammen mit den Kokosraspeln, der Shrimpspaste, Salz, Pfeffer und Zucker zugeben. Alles zu einem glatten Teig verarbeiten, zu einer Rolle formen und 12 Teile markieren. Vom Zitronengras das Wurzelende und so viel von dem oberen Teil der Blätter abschneiden, daß etwa 20 cm lange »Stengel« übrig bleiben, die äußeren welken Blätter entfernen. Das Zitronengras der Länge nach halbieren. Weiterverfahren, wie in der Bildfolge gezeigt. Das Öl in einer entsprechend großen Pfanne erhitzen und die Spieße in 2 bis 4 Portionen unter ständiger Bewegung rundherum in 4 bis 5 Minuten braten. Mit der Sauce auf Teller anrichten und mit Koriandergrün garnieren.

Forellen mit Zwiebelkruste

EINE FÜR FORELLEN UNGEWÖHNLICHE ZUBEREITUNGSMETHODE.

Forellenaroma pur darf man sich von diesem Rezept nicht erwarten, aber diese Kruste aus Zwiebeln und Knoblauch bekommt dem zarten Fleisch der Forellen erstaunlich gut.

4 Forellen (je etwa 350 g), ausgenommen
Salz, frisch gemahlener Pfeffer, 8 Zweige Petersilie
1 TL Thymianblättchen, 2 EL Pflanzenöl, 80 g Butter
Für die Zwiebelkruste:
200 g Zwiebeln, 2 Knoblauchzehen
1 Bund glatte Petersilie
1/2 TL Salz, frisch gemahlener weißer Pfeffer
50 g Semmelbrösel
Für den grünen Spargel:
300 g grüner Spargel, 3 bis 4 TL Salz, 1/2 TL Zucker
2 bis 3 Scheiben von 1 unbehandelten Zitrone
30 g Butter, 1 TL gehackte Petersilie
1/2 TL Abgeriebenes von 1 unbehandelten Zitrone

1. Von den Forellen die Seiten-, Bauch- und Rückenflossen in Richtung Kopf mit einer Schere abschneiden. Innen und außen unter fließendem

Forellenfang
im neuseeländischen Mohaka-Fluß ist für Angler aus aller Welt ein besonderes Vergnügen. Aus seinen verschiedenen Gewässern stellt Neuseeland ein reichhaltiges Angebot an frischen »Seafood-Produkten« zusammen.

Foto: New Zealand Tourism Board, Frankfurt

kalten Wasser abspülen, trockentupfen. Die Forellen auf beiden Seiten in Abständen von 2 bis 3 cm einschneiden. Die Bauchhöhle salzen und pfeffern, Petersilie und Thymian einlegen.

2. Zwiebeln und Knoblauch schälen, die Zwiebeln grob zerkleinern. Die Petersilie waschen und trockenschütteln. Zusammen im Mixer pürieren oder im Mörser zerstoßen. Salzen und pfeffern. Die Paste zuerst in die Einschnitte der Forellen streichen; das geht am besten, wenn man den Fisch etwas durchbiegt, damit sich die Einschnitte öffnen. Die Forellen ganz mit der Paste einstreichen. Rundherum dünn mit Semmelbröseln einstreuen.

3. Den Spargel waschen, die Stielenden abschneiden und nur bei Bedarf den unteren Teil der Stangen dünn schälen. Zu 1 oder 2 Bündeln zusammenbinden. 2 Liter Wasser mit dem Salz, dem Zucker und den Zitronenscheiben zum Kochen bringen und die Spargelbündel darin 10 bis 15 Minuten weich kochen. Herausnehmen, abtropfen lassen und die Stangen in 3 Teile schneiden. In einer Pfanne die Butter zerlassen und den Spargel darin schwenken. Mit Petersilie und Zitronenschale würzen.

4. Das Öl und die Butter in einer Pfanne erhitzen und die Forellen darin bei geringer Hitze von jeder Seite 5 Minuten braten. Mit dem Spargel servieren. Dazu passen ganz schlichte Salzkartoffeln am besten.

Yabbies mit Gurken in Dillsauce

DER »KLEINE AUSTRALKREBS«, SO HEISST DER YABBIE KORREKT, WIRD SEIT LÄNGEREM AUCH BEI UNS ANGEBOTEN.

Natürlich können auch alle anderen Süßwasserkrebse so zubereitet werden, etwa der bei uns selten angebotene, feine Marron (Großer Australkrebs) oder die europäischen Flußkrebse. Um die Krebse zu kochen, gibt es zwei Möglichkeiten: entweder in Salzwasser oder in einer aufwendigeren, besser schmeckenden Court-bouillon.

16 Yabbies (je 90 bis 100 g), lebend
Für die Court-bouillon:
100 g Möhren, 75 g Lauch, 100 g Zwiebeln
100 g Stangensellerie (mit Blättern)
1 Knoblauchzehe, 1/2 unbehandelte Zitrone
3 l Wasser, 1 EL Meersalz
350 ml trockener Weißwein, 1/2 Bund Petersilienstiele
2 Zweige Thymian, 1 Lorbeerblatt
Für die Schmorgurken:
300 g frische Schmorgurken
1 EL gehackter Dill, 30 g kalte Butter

1. Für die Court-bouillon das Gemüse putzen. Die Möhren in Scheiben, den Lauch und die Zwiebeln in Ringe und den Stangensellerie in Scheiben schneiden. Die Sellerieblätter grob zerrupfen. Die Knoblauchzehe leicht andrücken. Die Zitrone schälen und in Scheiben schneiden. Das Wasser salzen und das Gemüse darin 20 Minuten nur köcheln, damit es möglichst viel Geschmack abgeben kann. Den Wein und die Kräuter zufügen und weitere 15 Minuten leise köcheln lassen. Die Krebse nacheinander in der sprudelnd kochenden Court-bouillon 5 bis 6 Minuten kochen. Herausheben, etwas abkühlen lassen. Von der Court-bouillon 700 ml abseihen, zur Seite stellen.

2. Den Krebsschwanz vom Körper abdrehen. Dafür den Schwanzfächer mit Daumen und Zeigefinger greifen, vom Körper abdrehen und den anhängenden Darm herausziehen. Den Panzer mit Daumen und Zeigefinger so aufbiegen oder von unten mit der Schere so aufschneiden, daß die dünnere Unterseite zerreißt und das Schwanzfleisch herausfällt. Die Scheren vom Brustpanzer abdrehen, vorsichtig aufklopfen und das Fleisch herausziehen; 4 Yabbies liefern etwa 100 g Schwanz- und Scherenfleisch.

3. Aus den Krebskarkassen und der Court-bouillon einen Fond kochen, wie auf Seite 9 bei dem Hummerfond beschrieben. Den Fond abseihen, 1/2 l wird für das Gemüse benötigt.

4. Die Schmorgurken schälen, der Länge nach halbieren, mit einem Löffel die Samen entfernen und in 4 cm lange und 1 cm breite Stifte schneiden. Den Krebsfond erhitzen, die Gurkenstücke zugeben und 2 bis 3 Minuten ziehen lassen, bis sie glasig sind. Herausheben und warm stellen.

5. Den Fond auf die Hälfte reduzieren und den Dill zugeben. Die kalte Butter mit einem Schneebesen untermontieren. Die Gurkenstücke und die Krebsschwänze und -scheren zugeben, kurz erwärmen und auf Teller anrichten.

Panierte Austern in der Pfanne

HINTER DIESEM GERICHT AUS KALIFORNIEN MIT NAMEN »HANGTOWN FRY« STECKT EINE KLEINE GESCHICHTE.

Es ist die Geschichte des Städtchens Placerville, das zu Zeiten des Goldrausches »Hangtown« genannt wurde – Stadt der Aufgehängten –, weil dort so mancher am Galgen endete. Ein fündiger Goldgräber verlangte dort nach dem besten Essen für sein Gold, und das Beste, was es in der Küche gab, waren Austern, Eier, Speck und Käse.

12 Austern	
Zum Panieren:	
2 Eier	
100 g Semmelbrösel	
Für das Gemüse mit Speck:	
8 Scheiben Bacon	
100 g Zwiebeln	
8 Cocktailtomaten	
40 g Butter	
3 Eier	
30 ml Sahne	
30 g frisch geriebener Parmesan	
1/3 TL Salz	
1 EL gehackte Petersilie	
Außerdem:	
1 EL gehackte Petersilie zum Bestreuen	
Salz	
frisch gemahlener Pfeffer	

Selbst Austernmuffel, die eine rohe Auster niemals schlürfen würden, finden an diesem Rezept Gefallen. Tatsächlich entwickeln die Austern unter der Panade ein besonders feines Aroma, und sie harmonieren bestens mit dem Speck und sogar mit dem Käse.

1. Die Austern mit der gewölbten Seite nach unten auf ein Tuch in die Hand legen und fest greifen. Mit einem Austernmesser am Scharnier (Schloß) einstechen und dieses durchtrennen, mit dem Messer rundherum fahren und die obere Klappe abheben. Das Fleisch herausheben.

2. Zum Panieren die Eier in einer Schüssel verschlagen. Die Semmelbrösel auf einem Teller ver-

teilen. Die Austern in das verschlagene Ei tauchen und in den Semmelbröseln wenden.

3. Die Speckscheiben von Schwarte und Knorpeln befreien und quer in Stücke schneiden. Die Zwiebeln schälen und in Ringe schneiden. Die Tomaten halbieren und die Stielansätze entfernen. Die Butter in einer Pfanne zerlassen und den Speck darin knusprig braten. Herausnehmen und auf Küchenpapier abtropfen lassen. Die Zwiebelringe in die Pfanne geben und 1 Minute anbraten. Die panierten Austern hinzufügen und auf jeder

Seite 1 Minute braten. Die halbierten Tomaten und den Speck zufügen.

4. Die Eier und das restliche verschlagene Ei der Panade, die Sahne, den Parmesan, das Salz und die Petersilie in einer Schüssel verquirlen. Die Eimischung zu den Austern in die Pfanne gießen und, ohne umzurühren, erhitzen, bis die Eier zu stocken beginnen. Unter den vorgeheizten Grill stellen und ganz kurz goldgelb gratinieren. Mit der gehackten Petersilie bestreuen und mit Salz und Pfeffer abschmecken.

Die Avocadobirne wird für warme Gerichte relativ selten verwendet. In diesem Fall paßt sie hervorragend zum Fisch.

Red snapper mit Avocadoragout

KLEINE PORTIONSFISCHE VON 300 BIS 400 GRAMM SIND IDEAL FÜR DIESE ZUBEREITUNGSART.

Mit seinem schmackhaften Fleisch und seinen wenigen Gräten ist der Red snapper für dieses Rezept ideal, es kann dafür aber auch ein kleiner Zackenbarsch (Grouper) oder ein Wolfsbarsch (Loup de mer) verwendet werden.

4 Red snapper (je 350 g)
Salz, frisch gemahlener Pfeffer
etwas Mehl zum Bestauben, 4 bis 5 EL Pflanzenöl
Für das Avocadoragout:
40 g Schalotten, 1 Knoblauchzehe
200 g Tomaten, 2 Avocados
1 EL Limettensaft, 1 EL Pflanzenöl
50 ml Weißwein (Chardonnay aus Kalifornien)
Salz, frisch gemahlener Pfeffer
Außerdem:
1 EL gehacktes Koriandergrün oder glatte Petersilie

Die Fische mit einem Tuch am Schwanzende festhalten und die Bauch- und Seitenflossen in Richtung Kopf abschneiden. Die Schuppen in Richtung Kopf abschaben. Die Bauchhöhle mit einem spitzen Messer von der Afteröffnung zum Kopf hin vorsichtig aufschneiden. Die Eingeweide mit den Fingern herausziehen, die Fische waschen und mit Küchenpapier abtrocknen, salzen und pfeffern. Mit Mehl bestauben. Die Schalotten und den Knoblauch schälen. Die Schalotten fein würfeln. Die Tomaten blanchieren, häuten, Stielansatz und Samen entfernen und das Fruchtfleisch ebenfalls fein würfeln. Die Avocados vorbereiten, wie in der Bildfolge beschrieben. Die halbierten, vom Samen befreiten Avocados schälen, würfeln und mit Limettensaft beträufeln, damit sich das Fleisch nicht bräunlich verfärbt. Das Öl erhitzen und die Schalotten darin glasig anschwitzen. Die Tomaten zufügen, den Knoblauch dazupressen und alles etwa 2 Minuten köcheln lassen. Den Wein zugießen, salzen, pfeffern und das Koriandergrün einstreuen. Das Öl in einer Pfanne erhitzen und die Fische darin von jeder Seite etwa 4 Minuten braten. Mit dem Avocadoragout auf Teller anrichten. Zu diesem Gericht paßt Kartoffelpüree sehr gut, und wenn man sich für Wein als begleitendes Getränk entscheidet, dann bietet sich derselbe an, der im Rezept verwendet wurde, zum Beispiel ein Chardonnay aus Kalifornien.

Die Avocado, ohne sie zu zerdrücken, mit einem Messer rund um den Samen einschneiden.

Mit beiden Händen die Hälften gegeneinander drehen, so daß eine Hälfte vom Samen abgelöst wird.

Den Samen entfernen. Sitzt er sehr fest, vorsichtig mit einem spitzen Küchenmesser nachhelfen.

Marlin vom Grill mit Crabmeat und Gemüse

VOM HOLZKOHLENGRILL UND IM FREIEN SERVIERT, SCHMECKT DER FISCH AM BESTEN.

Ein Marlin ist nicht nur ein begehrter Fisch im Handel, sondern auch eine hochgeschätzte Trophäe bei den Sportfischern. Ein solcher Fisch geht nicht jeden Tag an die Angel, und das Kraftpaket an Bord zu holen, ist die eigentliche Leistung des Hochseefischers. Für das Ragout aus Gemüse und Krabbenfleisch ist natürlich das Fleisch der frisch gekochten »dungeness crab«, der Kalifornische Taschenkrebs aus dem Pazifik, am besten. Bei uns kann man den Taschenkrebs verwenden, den es auf Wunsch auch gekocht zu kaufen gibt, oder man greift auf gute Konserven zurück.

Der Marlin aus dem Pazifik (striped marlin) und der bei den Sportfischern noch höher geschätzte, weil wesentlich größere, »blue marlin« sind kulinarisch absolut gleichwertig. Dazu gehört auch das Fleisch des Schwertfisches, der bei uns in Europa vorwiegend im Handel ist.

Wenn die Crabs (dungeness crab) im Sommer Saison haben, dann herrscht in den Läden und Restaurants von San Francisco Hochbetrieb. Diese delikaten Taschenkrebse werden auch frisch gekocht angeboten und meist auch gleich auf Papptellern mit Knoblauchmayonnaise und einem Stück Weißbrot verzehrt.

2 Scheiben Marlin oder Schwertfisch (je 450 g)
1 TL Salz, frisch gemahlener weißer Pfeffer
4 EL Pflanzenöl
Für das Krabbenfleischragout mit Gemüse:
1 Knoblauchzehe, 150 g Zwiebeln
250 g grüne Paprikaschoten, 250 g Tomaten
2 EL Pflanzenöl, 1/4 l Rotwein (Zinfandel)
150 ml Fischfond (siehe Seite 8)
120 g Crabmeat (Fleisch vom Taschenkrebs)
Salz, frisch gemahlener Pfeffer
1 EL gehackte Petersilie

1. Den Knoblauch und die Zwiebeln schälen und sehr fein hacken. Die Paprikaschoten häuten, dafür die Schoten bei 220 °C im vorgeheizten

Ofen backen, bis die Haut »Blasen« wirft und braun wird. Herausnehmen, unter ein feuchtes Tuch legen und schwitzen lassen. Die Haut von oben nach unten abziehen. Die Früchte der Länge nach halbieren, Scheidewände und Samen entfernen und das Fruchtfleisch in etwa 2 cm große Stücke schneiden. Die Tomaten blanchieren, häuten, Stielansatz und Samen entfernen und das Fruchtfleisch in Würfel schneiden.

2. Das Öl in einem Topf erhitzen und Knoblauch und Zwiebeln darin glasig anschwitzen. Die Paprikawürfel zufügen, Wein und Fond aufgießen und 8 Minuten köcheln lassen. Die Tomaten weitere 2 Minuten mitgaren. Das gekochte Crabmeat

(wenn es aus der Konserve kommt, auch die Brühe) in dem Gemüse erwärmen. Salzen, pfeffern und die Petersilie einstreuen.

3. Die Fischscheiben von beiden Seiten mit Salz und Pfeffer würzen. Großzügig mit Öl bepinseln. Auf den vorgeheizten Holzkohlengrill legen und, je nach Stärke der Scheiben, 6 bis 10 Minuten grillen. Den Fisch mit dem Krabbenfleischragout und dem Gemüse auf Teller anrichten. Zu diesem Gericht passen pürierte Kartoffeln, körnig gekochter Reis oder auch Nudeln gut. Als Getränk sei der kalifornische »Zinfandel« empfohlen, so man ihn auch schon für die Zubereitung des Gemüses verwendet hat.

Seafood gumbo

EIN GEMÜSEEINTOPF MIT MEERESFRÜCHTEN, WIE ER ÄHNLICH IN LOUISIANA ZUBEREITET WIRD.

Wie viele Gerichte der Region um New Orleans stammt auch der Gumbo von französischen Siedlern und sein Name mit Sicherheit von der Okraschote, die im französischen »gombo« heißt. Diese Okraschoten (engl. Lady's fingers) sind in Afrika beheimatet, und die afrikanischen Sklaven brachten sie mit. Daraus wurde dann ein Gemüseeintopf gekocht, der mit Fleisch oder eben mit Fisch und Meeresfrüchten angereichert wurde. Und Seafood gibt es genug an der fischreichen Küste Louisianas, besonders im Delta des Mississippi. Der traditionelle Gumbo wird mit einer dunklen Einbrenne gedickt. Bei diesem Rezept kommt die Bindung allein von den Okraschoten.

1 1/2 kg Muscheln (Clams, Venus-, Samtmuscheln)
4 Stone-crab-Scheren (Große Steinkrabbe)
2 Langustenschwänze (je 200 g)
400 g ganze Garnelen
Für das Gumbo:
500 g Okraschoten
100 g Möhren, 150 g Stangensellerie
100 g Frühlingszwiebeln

100 g grüne Paprikaschoten
300 g Tomaten, 3 rote Chilischoten
4 EL Pflanzenöl
4 Knoblauchzehen, feingehackt
Saft von 1 Limette
3/4 l Fisch- oder Meeresfrüchtefond (siehe Seite 8/9)
1 Lorbeerblatt, 1 TL Salz
Außerdem:
2 EL gehackte Kräuter

1. Die Muscheln unter fließendem kalten Wasser sorgfältig säubern, Sand- und Kalkreste entfernen. Geöffnete Exemplare der Venus- und Samtmuscheln entfernen, sie könnten verdorben sein.

Okra, ein echt afrikanisches Gemüse aus der Familie der Malvengewächse. Inzwischen ist es mit verschiedenen Sorten weltweit verbreitet.

Die Seafood-Auswahl bleibt jedem selbst überlassen, weil einfach alles aus dem Meer in diesem Eintopf gut schmeckt. So kann man ganz nach eigenem Gusto und Geldbeutel wählen. Das Spektrum reicht von preiswerten Muscheln bis zu delikaten Langusten.

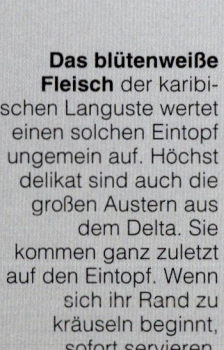

Das blütenweiße Fleisch der karibischen Languste wertet einen solchen Eintopf ungemein auf. Höchst delikat sind auch die großen Austern aus dem Delta. Sie kommen ganz zuletzt auf den Eintopf. Wenn sich ihr Rand zu kräuseln beginnt, sofort servieren.

2. Von den Okraschoten die Stiele abschneiden. Die Okras in Stücke schneiden. Möhren, Sellerie und Frühlingszwiebeln putzen und klein schneiden. Die Paprikaschoten halbieren, Samen und Scheidewände entfernen und das Fruchtfleisch würfeln. Die Tomaten blanchieren, häuten, Stielansatz und Samen entfernen und das Fruchtfleisch ebenfalls würfeln. Die Chilischoten halbieren, die Samen entfernen und das Fruchtfleisch in feine Streifen schneiden.

3. Das Öl in einem großen Topf erhitzen und die Chilistreifen darin anschwitzen, den Knoblauch leicht mitschwitzen. Möhren, Sellerie, Paprika und

Frühlingszwiebeln zugeben und 3 bis 4 Minuten dünsten. Limettensaft und Fond aufgießen. Die gewürfelten Tomaten und die Okrastücke zugeben und weitere 4 bis 5 Minuten kochen. Das Lorbeerblatt zufügen und alles abschmecken.

4. Die Muscheln, die Scheren der Steinkrabbe, die Langustenschwänze und die ganzen Garnelen zugeben und bei geschlossenem Topf 10 bis 12 Minuten mehr ziehen als kochen lassen. Die Langustenschwänze mit der Schale längs halbieren. Geschlossene Muscheln entfernen. Mit den gehackten Kräutern (Petersilie, Salbei, Thymian, Zitronenmelisse) bestreuen.

Striped bass mit Spargel und Kräuternudeln

»FAZZOLETTI« HEISSEN DIE NUDELFLADEN IN ITALIEN. DAZWISCHEN WIRD DER FISCH SERVIERT.

Schon von den Zutaten her ein sehr edles Gericht. Striped bass ist in den USA ähnlich begehrt, wie bei uns der aus der gleichen Familie stammende Wolfsbarsch. Er kann gut ersatzweise verwendet werden, und der Hummer für die Sauce kommt heutzutage ohnehin meistens von der Atlantikküste Nordamerikas.

2 Striped bass (je 500 bis 600 g, ausgenommen)
Salz, Pfeffer, 1 EL Pflanzenöl, 30 g Butter
Für den Nudelteig:
250 g Mehl, 2 Eier, 1 Eigelb, 2 EL Öl, 1/2 TL Salz
20 g gemischte Kräuter, Wasser nach Bedarf
Für die Hummersauce:
300 ml Hummerfond (siehe Seite 9), 100 ml Sahne
Für das Gemüse:
100 g dünner, grüner Spargel, 50 g Möhre
50 g Lauch, 20 g Zwiebel, 20 g Butter
Salz, Pfeffer, 1 EL gehackte Petersilie

Der amerikanische Hummer schmeckt zwar nicht besser wie sein europäischer Bruder, aber er wird noch in größeren Mengen gefangen und ist deshalb preiswerter.

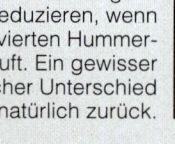

Hummersauce. Sie ist zwar recht zeitaufwendig in der Zubereitung, aber die Mühe lohnt sich. Man kann die Kochzeit aber auch ganz wesentlich reduzieren, wenn man konservierten Hummerfond kauft. Ein gewisser geschmacklicher Unterschied bleibt natürlich zurück.

Außerdem:
2 Cocktailtomaten

1. Für den Nudelteig aus allen Zutaten einen glatten Teig zubereiten, in Folie wickeln und 1 Stunde kühl ruhen lassen. Auf einer bemehlten Arbeitsfläche dünn ausrollen und in 12 Rechtecke von 8 x 12 cm Größe schneiden. Kurz trocknen lassen. In sprudelnd kochendem Salzwasser etwa 5 Minuten garen, herausheben, abtropfen lassen.

2. Die Fische unter fließendem kalten Wasser innen und außen waschen, trockentupfen. Kopf, Schwanz und Flossen abschneiden. Mit einem Messer am Rückgrat entlang einschneiden und

die Filets vorsichtig von den Gräten lösen. Die Filets mit der Hautseite nach unten auf ein Brett legen und ein scharfes Messer zwischen Haut und Fleisch ansetzen, um die Filets in einem Zug von der Haut lösen. Die Filets quer halbieren, salzen, pfeffern, zudecken und kühl stellen.

3. Für die Sauce den Fond um 1/3 reduzieren. Die Sahne einrühren und 10 Minuten köcheln lassen. Mit Salz und Pfeffer abschmecken. Für das Gemüse den Spargel in Salzwasser in 5 Minuten garen, herausnehmen und in Stücke schneiden. Möhre und Lauch putzen und in sehr feine Streifen schneiden. Die Zwiebel schälen, halbieren und in dünne Scheiben schneiden. Die Butter zer-

lassen und die Zwiebelscheiben darin hell anschwitzen. Möhren- und Lauchstreifen 3 Minuten mitschwitzen. Den Spargel und etwa 1/3 des Fonds zugeben, etwa 2 Minuten köcheln lassen. Salzen und pfeffern. Die Petersilie einstreuen.

4. Das Öl und die Butter erhitzen und die Filets darin von jeder Seite 1 bis 2 Minuten braten. Die Tomaten quer halbieren, kurz mitbraten.

5. Zum Füllen der Fazzoletti auf je eine Nudelplatte Fisch und Gemüse legen, eine zweite Nudelplatte auflegen, erneut Fisch und Gemüse aufschichten, mit einer dritten Nudelplatte abdecken. Mit Gemüse, Tomaten und Sauce servieren.

Seafood rice

EIN TYPISCH KARIBISCHES REZEPT, EINFACH, ABER BESTENS GEEIGNET FÜR VARIATIONEN.

Basis ist eine Art Risotto, scharf gewürzt, mit gebratenen süßen Bananen und Seafood. Die Gewässer der karibischen Inselwelt bieten eine große Auswahl an Fisch und Krustentieren. Für einen Seafood rice nimmt man wie bei allen Fischtöpfen und Suppen nicht die besten und größten Fische, sondern die kleinen, die an Korallenriffen gefangen werden: Snapper in allen Farben, Papageienfische, Grunts oder die skurrilen Drückerfische. Bei uns sollte man auf kleine Doraden, Juwelenbarsch oder Knurrhahn ausweichen.

2 Juwelenbarsche oder Doraden (je 500 bis 600 g)
8 rohe Garnelenschwänze, 5 rote Chilischoten
10 g frischer Ingwer, 3 EL Pflanzenöl
90 g Zwiebeln, gehackt, 1 Knoblauchzehe, gehackt
250 g Langkornreis, 1/2 TL Kurkuma
1/2 TL frischer grüner Pfeffer, gehackt
1/2 l Fisch-, Geflügelfond oder Wasser
1 Bananenblüte, 400 g nicht ganz reife Bananen
2 EL Pflanzenöl, Salz, Koriandergrün

Bananen in Kombination mit Fisch und Reis – das läßt auf das afrikanische Erbe der karibischen Inselbewohner schließen. Solche kulinarischen Ausflüge können höchst interessant sein.

Der Reis für ein solches Gericht kann ganz nach Wunsch körnig gekocht werden oder wie ein flüssiger Risotto sein. Dann ist vermutlich mehr Wasser oder Fond nötig.

Foto: Ulla Mayer-Raichle

1. Die ausgenommenen Fische unter fließendem Wasser waschen und trockentupfen. Flossen, Kopf und Schwanz abschneiden. Mit einem Messer am Rückgrat entlang einschneiden und die Filets von den Gräten abheben, kleine Gräten mit einer Pinzette entfernen. Die Filets mit der Hautseite nach unten legen, ein Messer zwischen Haut und Fleisch ansetzen und die Filets in einem Zug ablösen. Das Fleisch in Stücke schneiden. Die Garnelen schälen, dabei die Schale des letzten Glieds und die Schwanzflosse daranlassen.

2. Für den Reis 1 Chilischote halbieren, Scheidewände und Samen entfernen und würfeln. Den Ingwer schälen und in dünne Scheiben schneiden. Das Öl erhitzen und Zwiebeln, Knoblauch und Chili darin hell anschwitzen. Ingwer und Reis zugeben und kräftig anrösten. Mit Kur-

kuma und Pfeffer würzen und die Hälfte vom Fond aufgießen. Die Bananenblüte der Länge nach vierteln und zum Reis geben. Zudecken und 20 Minuten garen. Den restlichen Fond zugießen und bis zur gewünschten Konsistenz einkochen.

3. Die Bananen schälen und quer in etwa 2 cm dicke Scheiben schneiden. Die restlichen Chilischoten halbieren und die Samen entfernen. Das Öl erhitzen, den Fisch und die Garnelen darin 2 bis 3 Minuten braten und zum fertigen Reis geben. Die Bananenstücke und die Chillies getrennt voneinander in der Pfanne kurz braten. Die Bananenstücke vorsichtig unter den Reis heben, mit Salz abschmecken und alles zusammen 2 bis 3 Minuten durchziehen lassen. Das Gericht auf Teller anrichten, mit den gebratenen Chilihälften und dem Koriandergrün garnieren und servieren.

Langosta criolla

AUF DEN KARIBISCHEN INSELN LIEBT MAN DIE LANGUSTE PUR – ODER IN EINER WÜRZIGEN TOMATENSAUCE.

Kenner behaupten, daß eine Languste vom Holzkohlengrill, ohne jede weitere Zutat, frisches Weißbrot ausgenommen, am besten schmeckt. Die zweitbeste Möglichkeit ist aber die »langosta criolla«. Das ist eine Languste mit »sofrito«, einer Grundsauce aus Olivenöl, Zwiebeln, Knoblauch und reifen Tomaten. Dieser Sofrito stammt aus der spanischen Küche und ist zum Beispiel die Basis für die Paella und viele andere Gerichte.

1 Karibische Languste (etwa 1,5 kg)
Öl zum Beträufeln
Für das Anattoöl:
1/8 l Pflanzenöl
50 g Anattosamen
Für den Sofrito:
400 g grüne Paprikaschoten
400 g Tomaten, gehäutet, ohne Samen
100 g Zwiebeln
2 Knoblauchzehen

Luxus vom Grill – auch auf den Karibischen Inseln. Die Bestände dieses Krustentieres nehmen ständig ab, und der Preis für diese Delikatesse steigt entsprechend.

Die Languste kann entweder gegrillt und zum Sofrito serviert werden, oder direkt in ihm geschmort werden.

150 g geräucherter roher Schinken
2 EL Anattoöl (oben zubereitet)
200 ml Gemüsefond
1 EL gehacktes Koriandergrün (ersatzweise Petersilie)
1 TL gehackter Oregano
Salz, frisch gemahlener schwarzer Pfeffer

1. Die Languste zum Töten in sprudelnd kochendes Salzwasser legen, 2 Minuten kochen und sofort herausnehmen. Der Länge nach halbieren, den Darm, den Magensack und den Corail entfernen, letzteres beiseite stellen.

2. Für das Anattoöl das Pflanzenöl in einer Pfanne bei mittlerer Temperatur erhitzen. Die Anattosamen einrühren. Wenn sie gleichmäßig mit Öl

Foto: Ulla Mayer-Raichle

überzogen sind, die Hitze reduzieren. Nach un-
gefähr 1 Minute die Pfanne vom Herd nehmen
und auf Zimmertemperatur abkühlen lassen. Die
Mischung durch ein feines Sieb in ein Glas abseihen, verschließen und bis zum Gebrauch in den
Kühlschrank stellen: Das Anattoöl hält sich mehrere Monate.

3. Die Paprikaschoten häuten. Dafür die Schoten
bei 220 °C im vorgeheizten Ofen backen, bis die
Haut »Blasen wirft«. Unter ein feuchtes Tuch oder
in eine Plastiktüte legen und »schwitzen« lassen.
Die Haut von oben nach unten abziehen. Die
Schoten halbieren, von Samen und Scheidewän-
den befreien und das Fruchtfleisch würfeln. Die
Tomaten würfeln. Die Zwiebeln und den Knob-

lauch schälen und fein hacken. Den Schinken in
kleine Würfel schneiden. Das Anattoöl in einer
großen Pfanne erhitzen, die Zwiebeln und den
Knoblauch darin anschwitzen. Die Paprikawürfel
zufügen und unter Rühren in 5 Minuten weich
dünsten. Den Schinken kurz mitdünsten. Die Tomaten, den Gemüsefond, die Kräuter und den
Corail zugeben, abschmecken und etwa 15 Minuten bei geringer Hitze köcheln lassen.

4. Die Langustenhälften mit der Fleischseite nach
unten auf den vorgeheizten Grill legen und etwa
5 Minuten grillen, wenden und auf der Panzersei-
te fertiggaren, das dauert etwa weitere 5 Minuten,
je nach·Hitze des Grills. Während des Grillens
immer wieder mit Öl beträufeln.

Garnelenspieße mit scharfer Sauce

EIN UNKOMPLIZIERTES ESSEN, DAS MIT ODER OHNE FISCHANTEIL ZUBEREITET WERDEN KANN.

Läßt man den Fisch weg, dann muß die Garnelenmenge verdoppelt werden. An den Mengen der übrigen Zutaten ändert sich dann nichts.

400 g Filets vom Grouper oder Snapper
12 Garnelenschwänze in der Schale (Größe 21 bis 30)
2 EL Pflanzenöl
Für die Marinade:
2 rote Chilischoten, 2 EL Limettensaft, Salz
Für die Chilisauce:
50 g Zwiebel, 1 Knoblauchzehe, 4 grüne Chilischoten
100 g Tomaten, 1 EL gehackte Petersilie, 3 EL Öl, Salz
Außerdem:
4 Cocktailtomaten, 1 kleine, unbehandelte Limette
4 Holzspießchen, 2 EL Pflanzenöl zum Beträufeln
1 EL gehackte Kräuter zum Bestreuen

Die karibische Fischküche ist so farbig und freundlich wie ihre Bewohner und zuweilen auch deren Architektur. Mit Fisch können sie jedenfalls alle gut umgehen, oft beeinflußt von der spanischen oder französischen Küche.

1. Die Filets in etwa 4 cm große Stücke schneiden. Die Garnelen schälen, das letzte Schwanzglied belassen. Von der Rückenseite her so aufschneiden, daß sie unten noch zusammenhängen und der Darm leicht entfernt werden kann.

2. Für die Marinade die Chilischoten halbieren, Samen und Scheidewände entfernen und das Fruchtfleisch fein hacken. Mit dem Limettensaft und dem Salz in einer Schüssel verrühren. Die Fischstücke und die Garnelen darin wenden, im Kühlschrank etwa 10 Minuten marinieren lassen.

3. Inzwischen für die Sauce die Zwiebel schälen und fein hacken. Die Knoblauchzehe schälen und durch die Presse drücken. Die Chilischoten halbieren, Samen und Scheidewände entfernen und das Fruchtfleisch in feine Streifen schneiden. Die Tomaten blanchieren, häuten, Samen und Stielansatz entfernen und das Fruchtfleisch würfeln. Alle Zutaten in eine Schüssel geben. Die gehackte Petersilie und das Öl einrühren, salzen.

4. Die Cocktailtomaten ohne Stielansatz quer halbieren. Die Limette in Scheiben schneiden.

5. In einer Pfanne das Öl erhitzen. Die Fischstücke und die Garnelen aus der Marinade nehmen und von allen Seiten etwa 1 Minute darin braten. Herausnehmen und mit den Cocktailtomaten und den Limettenscheiben abwechselnd auf Holzspieße stecken. In eine feuerfeste Form legen. Die Spieße mit dem Öl beträufeln und unter dem vorgeheizten Grill fertig garen. Über der Holzkohlenglut gegrillt, schmecken sie noch besser, weil dann das typische Grillaroma besser durchkommt. Mit den gehackten Kräutern (Minze, Petersilie) bestreuen.

6. Die fertigen Spieße auf gekochtem Reis anrichten und mit der Chilisauce servieren.

▼ **Die Schärfe der Chilischote** kann sehr unterschiedlich sein. So sind die Lampion-Chillies von den karibischen Inseln weitaus schärfer als die meisten länglichen Schoten, die bei uns aus Asien importiert werden.

Camarones al mojo de ajo

KNOBLAUCHGARNELEN – EIN SCHLICHTES, DELIKATES GERICHT, DAS IN MEXIKO OFT AUF SPEISEKARTEN STEHT.

In der mexikanischen Küche wird nicht mit übermäßig viel Knoblauch gekocht, dafür aber mit vielen Chillies. Diese Knoblauchgarnelen sind die größte Ausnahme, denn da wird dem Knoblauch reichlich zugesprochen, während man Chillies bei diesem Gericht in der Regel vergeblich sucht. Nach Möglichkeit sollten für dieses Rezept immer ganze Garnelen verwendet werden, auch wenn man nur den Schwanz verzehrt, weil ihr typischer Geschmack dann besser zur Geltung kommt.

24 ganze Garnelen (Handelsgröße 21-30)
Für die Marinade:
2 Knoblauchzehen
1 TL Salz
1/2 TL frisch gemahlener weißer Pfeffer
1 TL Essig

Wenn frischer Knoblauch auf dem Markt ist, dann sollte man diesem den Vorrang geben, denn er hat nicht die Schärfe von getrockneten Knollen, dafür aber trotzdem das ganz typische Knoblaucharoma.

In den typischen Restaurants Mexikos ist die Auswahl an Gerichten mit Meeresfrüchten und Fischen groß, vor allem in den küstennahen Regionen. Die Knoblauchgarnelen werden dort zuweilen auch als Vorspeise angeboten.

Die Garnelen mit dem Rücken auf ein Brett drücken und mit einem Messer von unten zwischen den Beinreihen den Schwanz so weit einschneiden, bis der Darm sichtbar wird.

Die vorbereiteten Garnelen in eine große Form schichten und gleichmäßig mit der Marinade bedecken. Mit Folie abdecken und im Kühlschrank etwa 1/2 Stunde marinieren.

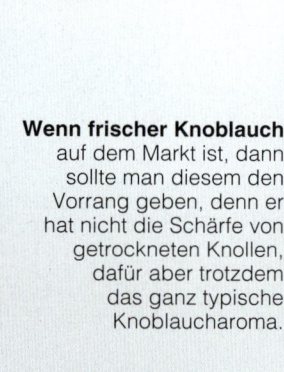

Zum Braten:
10 Knoblauchzehen
2 EL feines Pflanzenöl
80 g Butter
Außerdem:
2 EL Limettensaft, 1 EL gehackte Petersilie

Für die Marinade den Knoblauch schälen und mit Salz, Pfeffer und Essig in einem Mörser grob zerstoßen. Von den Garnelen den Darm entfernen, dafür die Tiere so am Schwanz einschneiden, wie im Bild links gezeigt. Anschließend die Garnelen marinieren. Zum Braten den Knoblauch schälen und fein hacken. Das Öl und die Butter in einer Pfanne erhitzen und den Knoblauch darin sautieren, bis er goldbraun ist; das dauert etwa 3 Minuten. Die Garnelen aus der Marinade nehmen, in die Pfanne legen, die Hitze reduzieren und die Garnelen 2 bis 3 Minuten braten, bis ihr Fleisch fest geworden ist. Mit Limettensaft beträufeln und mit Petersilie bestreuen. Auf Teller anrichten und sofort servieren. Dazu paßt weißer Reis und Endiviensalat mit Avocado und Tomaten.

Red snapper vom Grill

DIE GARMETHODE UND DIE SAUCE PASSEN AUCH FÜR ANDERE FISCHE UND SOGAR FÜR LANGUSTEN.

Damit die Hitze vom Holzkohlengrill schnell und gleichmäßig eindringen kann, wird der Fisch (oder die Languste) längs gespalten. Die getrockneten Guajillo- und Ancho-Chillies gibt es inzwischen auch bei uns in Spezialgeschäften oder den entsprechenden Abteilungen der Kaufhäuser.

2 Red snapper (je 500 g)
Salz, frisch gemahlener schwarzer Pfeffer
2 EL Limettensaft, 4 EL Öl zum Beträufeln
Für die Sauce:
5 Guajillo- und 2 Ancho-Chillies, 300 g Tomaten

Vom Holzkohlengrill schmeckt der Fisch einfach am besten. In Mexiko ist es die beliebteste Garmethode, die sich im Garten wie am Strand gleich gut praktizieren läßt.

Der Huachinango (Red snapper) steht auf der Beliebtheitsskala auch bei den Mexikanern ganz oben. Auf den Märkten, wie hier auf den San-Juan-Markt von Mexiko-Stadt, werden sie in großen Mengen angeboten.

50 g Zwiebel und 4 Knoblauchzehen, geschält
200 ml Wasser, 1 EL Weinessig, 3 Nelken
je 1/2 TL getrockneter Thymian und Oregano
1 TL Epazote, 1/2 TL gemahlener Kreuzkümmel
30 g Butter, Salz, frisch gemahlener Pfeffer

1. Die Fische mit einem Tuch am Schwanzende fassen und die Flossen in Richtung Kopf (bis auf die Rückenflossen) mit einer Schere abschneiden. Die Schuppen in Richtung Kopf abschaben. Die Bauchhöhle von der Afteröffnung zum Kopf hin mit einem flach geführten Messer aufschneiden und die Eingeweide entfernen. Die Fische innen und außen gründlich waschen. Mit einem großen

Messer der Länge nach so spalten, daß sie sich flach auseinanderklappen lassen; die Kiemen entfernen, nochmals abspülen und trockentupfen. Salz, Pfeffer und Limettensaft miteinander verrühren. Die Fische damit einpinseln und 20 Minuten in den Kühlschrank stellen.

2. Für die Sauce die Chillies von Samen und Scheidewänden befreien, 10 Minuten in heißem Wasser einweichen, dieses weggießen und die Schoten zerkleinern. Die Tomaten blanchieren, häuten, Stielansatz und Samen entfernen. Die Zutaten der Sauce bis auf die Butter, Salz und Pfeffer im Mixer glatt pürieren. Die Butter zerlassen und die pürierten Zutaten darin zum Kochen bringen. Die Hitze reduzieren und etwa 20 Minuten köcheln, bis die Sauce etwas eindickt. Auf Raumtemperatur abkühlen lassen, salzen und pfeffern.

3. Den Grill vorheizen und den Rost leicht fetten. Den Rost etwa 20 cm über das Holzkohlenfeuer setzen. Den Fisch mit der Sauce einstreichen und mit Öl beträufeln. Zuerst mit der Hautseite nach unten auf den Grill legen und 8 bis 10 Minuten grillen. Wenden, wieder mit Öl beträufeln und weitere 6 bis 8 Minuten grillen, bis er gar ist. Wenn man an den Rückenflossen zieht und diese sich leicht lösen lassen, ist der Fisch gar.

Huachinango a la veracruzana

ROTER SCHNAPPER HEISST DER BEGEHRTE HUACHINANGO ZU DEUTSCH, ABER ER IST BESSER BEKANNT ALS »RED SNAPPER«.

Unter seiner englischen Bezeichnung wird er weltweit gehandelt. In den USA ist er wohl der beliebteste Fisch überhaupt, hat er doch alle Vorzüge, die von den praktischen Amerikanern verlangt werden: wohlschmeckendes, trockenes weißes Fleisch und wenige, große Gräten. Er ist also leicht zu handhaben und taugt für alle Garmethoden, besonders zum Grillen und Braten.

1 Roter Schnapper (etwa 1 kg), ausgenommen
1 TL Salz, frisch gemahlener Pfeffer
Für die Würzung:
500 g mittelgroße Tomaten
150 g große Zwiebeln
3 Knoblauchzehen
2 Güero-Chillies
10 grüne Oliven

1 TL Kapern
2 Lorbeerblätter
2 Jalapeño-Chillies
1 TL getrockneter Oregano
2 Zweige Thymian
1/8 l Olivenöl

1. Die Tomaten waschen, trocknen und in Scheiben schneiden. Die Zwiebeln schälen und in dünne Ringe schneiden. Die Knoblauchzehen schälen. Von den Güero-Chillies die Stielansätze, die Samen und Scheidewände entfernen und das Fruchtfleisch in Ringe schneiden.

2. Den Fisch innen und außen sorgfältig unter fließendem kalten Wasser waschen und trockentupfen. Innen und außen salzen und pfeffern. In eine feuerfeste Form legen. Die Tomatenscheiben und die Zwiebelringe, die Knoblauchzehen, die Oliven, die Kapern, die Lorbeerblätter, die Chiliringe und die ganzen Jalapeño-Chillies darüberlegen. Mit Oregano und Thymian würzen. Das Olivenöl gleichmäßig über dem Fisch verteilen.

3. Den Fisch bei 190 °C im vorgeheizten Ofen garen, das dauert etwa 40 Minuten. Währenddessen immer wieder mit der Bratflüssigkeit begießen. Traditionell wird Reis dazu serviert.

Nach Art von Veracruz, der Stadt am Golf von Mexiko. Das ist eine höchst beliebte Zubereitungsart für den geschätzten Fisch aus dem Golf. Mit viel Knoblauch, Zwiebeln, Tomaten, Chillies und den in der mexikanischen Küche sonst recht selten verwendeten Oliven und Kapern.

In Europa sind die Tomatillos bisher nur ganz selten auf dem Markt. Aber nicht ganz reife Tomaten sind ein durchaus brauchbarer Ersatz. Sie haben allerdings die größeren Samen, und die sollte man, so sie stören, herauspassieren. Wie ihr botanischer Name (*Physalis philadelphica*) schon sagt, sind die Tomatillos Verwandte der Kapstachelbeere und haben keine Beziehung zur Tomate.

Bacalao a la mexicana

IN DEN STÄDTEN MEXIKOS WIRD DER IMPORTIERTE STOCKFISCH AUS DEM NORDEN GEGESSEN.

Dazu wird eine »salsa de tomatillo con chiles« gereicht, diese grüne Sauce, die ganz hervorragend zu gebratenem Stockfisch paßt, aber auch entsprechend scharf ist. Doch den Schärfegrad kann man beeinflussen, und deshalb sollte man vorsichtshalber lieber mit der halben Chilimenge beginnen und diese bei Bedarf steigern. Man kann auch von vornherein weniger scharfe Chillies – zum Beispiel die Sorte »guajillo« – verwenden und die feurigen »chile de árbol« weglassen. Solche getrockneten Chillies sind bei uns in Fachgeschäften zu finden, sie lassen sich aber auch durch frische Chilischoten ersetzen. Die benötigte Menge muß man dann aber ganz nach der gewünschten Schärfe selbst austesten.

800 g Stockfisch oder anderer getrockneter Fisch
4 EL Pflanzenöl
1 EL Limettensaft, 2 bis 3 EL Wasser
Für die grüne Sauce:
150 g Tomatillos, 200 ml Wasser

In den südlichen Regionen am Pazifik braucht man keinen getrockneten Kabeljau (span. »bacalao«), denn der Markt bietet genügend Auswahl an einheimischen Fischen aus dem Meer und Süßwasser sowie getrocknete Garnelen aller Größen.

| 3 Knoblauchzehen, geschält |
| 3 Arbol-Chillies, ohne Samen |
| 2 Guajillo-Chillies, ohne Samen |
| 50 g weiße Zwiebel, gehackt |
| Salz |
| 1 TL Limettensaft |
| **Außerdem:** |
| 1 EL gehacktes Koriandergrün |

1. Den Stockfisch mit der Hautseite nach unten in eine entsprechend große Form legen, mit kaltem Wasser bedecken und zudecken. 24 Stunden in den Kühlschrank stellen und das Wasser mehrmals wechseln. Den Fisch aus der Form nehmen und die Haut vollständig abziehen. Die Gräten notfalls mit einer Zange entfernen. Das Fischfleisch in große Stücke schneiden.

2. Die Tomatillos von der Hülle befreien. Das Wasser in einem Topf zum Kochen bringen. Die Tomatillos, den Knoblauch, die Chillies und die Zwiebelwürfel darin bei schwacher Hitze zugedeckt etwa 20 Minuten kochen. In ein Sieb abtropfen lassen (die Kochflüssigkeit aufbewahren). In einem Mixer pürieren und soviel Kochwasser zugeben, daß eine dickflüssige Sauce entsteht. Mit Salz und Limettensaft abschmecken.

3. Das Öl erhitzen, den Fisch von beiden Seiten darin knusprig braten. Den Saft und das Wasser zugießen, zudecken und den Fisch weich garen.

4. Den Fisch mit der Sauce auf Teller anrichten und mit Koriandergrün bestreuen. Dazu paßt körnig gekochter Reis.

Die tropischen Gewässer des Südatlantiks liefern Fische und Krustentiere in riesiger Auswahl, und die afrikanisch angehauchte Küche der Brasilianer macht auch regen Gebrauch davon.

Gewürzter Fisch

IN SÜDAMERIKA SCHÄTZT MAN DIE KRÄFTIGEN GEWÜRZE AUCH BEI FISCHGERICHTEN.

Hier bleibt zwar vom zarten Aroma der Fische nicht allzuviel übrig, aber der exotisch kulinarische Charme ist trotzdem überzeugend. Dabei dominiert die Kombination von Kräutern, Knoblauch und »cominho« (Kreuzkümmel) einerseits sowie die Säure und vor allem das typisch tropische Aroma der Limetten andererseits. »Cheiro verde« ist ein Kräuterbund, das meist aus Petersilie, Schnittlauch, Koriandergrün und Pfefferminze besteht. Empfehlungswerte Fische für dieses Rezept sind der Alfoncino, der Orange roughy – er kommt meist aus Neuseeland – oder eine Dorade.

2 Alfoncino, Orange roughy oder Doraden (je 500 g)
8 Garnelenschwänze ohne Schale
Für die Marinade:
2 Knoblauchzehen, 1 Bund Cheiro verde
Saft von 2 Limetten

1 Messerspitze gemahlener Kreuzkümmel
Salz, frisch gemahlener Pfeffer
1 Limette, in Scheiben geschnitten
100 ml Weißwein
Außerdem:
500 g kleine, festkochende Kartoffeln, 150 g Zwiebeln
300 g Tomaten, 2 EL Olivenöl
100 ml Fischfond (siehe Seite 8)
1 EL Olivenöl zum Beträufeln und für die Form

1. Die Fische schuppen, innen und außen unter fließendem kalten Wasser waschen und mit Küchenpapier trockentupfen.

2. Für die Marinade den Knoblauch schälen und fein würfeln. Die Kräuter waschen, trockenschleudern und fein hacken. Beides mit dem Limettensaft vermischen und würzen. Die Fische und die Garnelen damit einreiben und in eine ausreichend große Form legen. Mit den Limettenscheiben belegen. Zudecken und etwa 2 Stunden marinieren. Den Weißwein zugießen und eine weitere Stunde marinieren.

3. Die Kartoffeln schälen und längs vierteln. In Salzwasser 20 Minuten kochen und abgießen. Die Zwiebeln schälen und in Ringe schneiden. Die Tomaten blanchieren, häuten, vierteln, quer halbieren und die Samen entfernen. Das Öl in einer Pfanne erhitzen, die Zwiebelringe darin hell anschwitzen und die Tomaten kurz mitdünsten.

4. Eine feuerfeste Form mit Öl ausstreichen. Die Zwiebel-Tomaten-Mischung einfüllen. Die marinierten Fische darauflegen und die Limettenscheiben ringsherum verteilen. Den Fond und die Marinade zugießen. Die Fische mit Öl beträufeln und bei 200 °C im vorgeheizten Ofen in 20 Minuten garen. Herausnehmen, die marinierten Garnelen und die Kartoffeln dazugeben. Weitere 5 Minuten im Ofen garen. Herausnehmen und servieren.

Riesengarnelen in scharfer Sauce

AUS DEN PAZIFISCHEN GEWÄSSERN SÜDAMERIKAS KOMMEN DIE FEINSTEN MEERESFRÜCHTE.

Chile, mit seiner Küste von Arica bis Feuerland, ist geradezu ein Paradies für Seafood-Fans. Da gibt es alles in bester Qualität, und die Küche ist eine gelungene Mischung aus europäischer Tradition und den Produkten dieses Landes. Dazu gehören auch die scharfen Chillies, die, wie überall in Südamerika, großzügig verwendet werden. Daß die Schärfe auch mit dem zarten Aroma der Meeresfrüchte harmoniert, ist zwar verwunderlich, aber Tatsache.

Dieses Rezept ist ein gutes Beispiel dafür, daß Meeresfrüchte auch scharf gut schmecken. Zu der Gemüsesauce müssen es nicht unbedingt Garnelen sein. Königskrabben, die in Chile »centollas« heißen, oder Langusten kann man dazu auch reichen.

Scharfe Chilisorten gibt es in Südamerika mehrere. Die Sorte »habanero« gehört zu den feurigsten, und ähnlich scharfe Schoten kommen von den karibischen Inseln auf den europäischen Markt.

800 g Riesengarnelen, ohne Kopf, mit Schale
2 EL Pflanzenöl, 30 g Butter
Salz, frisch gemahlener weißer Pfeffer
Für die scharfe Sauce:
120 g Zwiebeln, 100 g Stangensellerie
je 1 rote und grüne Chilischote, ohne Samen
500 g Tomaten, 1 Knoblauchzehe, fein gehackt
1 TL Salz, 1/2 TL gehackter Oregano
einige gehackte Stangensellerieblättchen
Außerdem:
Butter für die Form, 1/8 l trockener Weißwein
Oregano- und Sellerieblättchen zum Bestreuen

1. Für die Sauce die Zwiebeln schälen und in Ringe schneiden. Den Sellerie putzen und fein würfeln. Die Chilischoten in sehr feine Streifen schneiden. Die Tomaten blanchieren, häuten, Stielansatz und Samen entfernen, würfeln.

2. Die Garnelenschwänze mit der Schale längs halbieren und den Darm entfernen. Das Öl und die Butter in einer Pfanne erhitzen. Die Garnelen auf der Schnittfläche salzen und pfeffern und mit dieser Fläche nach unten einlegen, etwa 1 Minute braten, herausnehmen und beiseite stellen.

3. Zwiebeln und Knoblauch in der Pfanne hell anschwitzen. Den Sellerie 5 Minuten mitdünsten. Chillies und Tomaten unterrühren. Salzen. Oregano- und Sellerieblättchen 2 Minuten mitdünsten.

4. Eine feuerfeste Form ausfetten und das Gemüse darin verteilen. Den Wein zugießen. Die gebratenen Garnelenschwänze darauflegen. Bei 200 °C im vorgeheizten Ofen weitere 5 Minuten garen. Oregano- und Sellerieblättchen fein hacken und über das Gericht streuen.

5. Dazu paßt körnig gekochter Reis, Kartoffeln oder frisches, knuspriges Weißbrot. Ein Glas Weißwein aus den Anbaugebieten der chilenischen Anden rundet das Ganze hervorragend ab, wobei es möglichst derselbe Wein sein sollte, mit dem die Sauce aufgegossen wurde.

GERÄTE UND HILFSMITTEL

Wenige Spezialgeräte sind nötig, um Fisch- und Meeresfrüchte fachgerecht zuzubereiten: etwa ein flexibles Messer zum Filetieren, ein Fischschupper oder ein Fischkessel mit gelochtem Einsatz. Darüber hinaus gibt es verschiedene Geräte und Hilfsmittel, die bei speziellen Zubereitungen die Arbeit erleichtern. Jedem bleibt es dabei selbst überlassen, welche Hilfsmittel er einsetzt; diese Übersicht soll lediglich die Auswahl erleichtern.

1 Wiegemesser

2 Schneidebretter

3 Teigschaber aus Kunststoff und Metall

4 Passiersieb

5 Spitzsieb

6 Siebe in verschiedenen Größen

7 Pürierstab

8 Mörser

9 Hummerzange und Hummergabel

10 Austernmesser

11 Fischschupper

12 Holzspieße

13 Lachsmesser

14 Wetzstahl

15 Kochmesser

16 Tranchiergabel

17 Messer mit Wellenschliff

18 Filetiermesser

19 Ausbeinmesser zum Auslösen

20 Universalmesser

21 Spickmesser

22 Küchenschere

1 Fischkessel mit gelochtem Einsatz

2 Dämpfkorb aus Holz und Bast

3 Schüsselsatz

4 Keramikformen für Aufläufe und Gratins, bestens zu verwenden für ganze Fische

5 Alufolie

6 Pergamentpapier

7 Ovale und runde Pfanne

8 Backschaufel/ Sandwichpalette

9 Fischheber

10 Fleischgabel

11 Schöpflöffel

12 Schaumlöffel

13 Schneebesen in
14 verschiedenen Größen

15 Tellerbesen/ Saucenbesen

Register

Warenkundliche sowie verarbeitungstechnische Informationen sind
kursiv geschrieben. Alle anderen Stichwörter beziehen sich auf die Rezepte.

Impressum

Wir danken allen, die durch ihre Beratung, Hilfe und tatkräftige Unterstützung zum Gelingen dieses Buches beigetragen haben, insbesondere: Herrn Edoardo Ferrarini, Firma Slogan immagine e communicazione, Bologna, Italien.

Bildnachweis
S. 52/1 Foto: Vereniging voor Vreemdelingenverkeer v.z.w., Koksijde, Belgien;
S. 66/1 Foto: Dorothee Gödert; S. 76/1 Foto: Österreich Werbung, Wien, Österreich;
S. 134/1 Foto: Ulla Mayer-Raichle; S. 140/1 Foto: Fremdenverkehrsamt der Türkei, Frankfurt;
S. 181/1 Foto: New Zealand Toursim Board, Frankfurt; S. 195/1 Foto: Ulla Mayer-Raichle;
S. 196/1 Foto: Ulla Mayer-Raichle

Genehmigte Lizenzausgabe für Verlagsgruppe Weltbild GmbH, Steinerne Furt, D-86167 Augsburg
Copyright der Originalausgabe © 1996 by Gräfe und Unzer Verlag GmbH, München
Teubner Edition ist ein Unternehmen des Verlagshauses Gräfe und Unzer,
GANSKE VERLAGSGRUPPE GmbH

Produktbeschaffung: Angelika Mayr, Pascale Veldboer
Kochstudio: Barbara Mayr (Rezeptentwicklung), Christine Sontheimer, Walburga Streif,
Helena Brügmann
Fotografie: Christian Teubner, Odette Teubner, Christoph Tumler, Katharina Ziegler
Redaktion: Dr. Ute Lundberg (oec.troph.), Inken Kloppenburg, Pascale Veldboer
Layout/DTP: Christian Teubner, Gabriele Wahl
Herstellung: Gabriele Wahl
Umschlaggestaltung: F2-Design – Klaus Fliege, D-86150 Augsburg
Umschlagmotiv: Bildagentur: StockFood, Fotograf: Rynio, J.,
Kabeljaufilet mit Bratkartoffeln auf Tomatenscheiben
Haupttitel: Bildagentur: StockFood, Fotograf: Wieder, Frank
Lachsfilet mit Gemüse und Basilikumsauce
Reproduktion: walcker repro, D-88316 Isny im Allgäu
Druck: Dr. Cantz'sche Druckerei, GmbH & Co., D-73760 Ostfildern

978-3-8289-1387-5

2011   2010   2009
Die letzte Jahreszahl gibt die aktuelle Lizenzausgabe an.

Einkaufen im Internet:
www.weltbild.de